Līvia
māter ēloquens

a Choose-Your-Own-Level Latin Novella
based on *Agrippīna: māter fortis*
by Lance Piantaggini

Poētulus Publishing
magisterp.com

Index Graduum
(et Cētera)

Praefātiō

This is a new kind of novella that provides more exposure to the phrases/structures found in *Agrippīna: māter fortis* via a parallel story of Livia, Agrippina's neighbor. The novella features 3 different levels under one cover, which readers choose, switching between them at any time (e.g. moving up a level for a challenge, or down a level for faster reading and/or higher confidence). The first version is simpler than *Agrippīna: māter fortis*; the second version is the same level, and the third version is more complex.

Thus, *Līvia: māter ēloquens* could be read after *Agrippīna* as a way to receive more input in a new context, but with familiar language, either at the same level by reading the **B (Beta)** version, or above by reading the **Γ- Δ (Gamma-Delta)** version. Alternatively, *Līvia* could be read before *Agrippīna*, as a way to establish prior knowledge by reading the **A (Alpha)** version.

Lastly, *Līvia* could also be read independently, without any prior knowledge of the other novella, whatsoever, perhaps as a Free Voluntary Reading (FVR) option leaving it up to the student which level to read. The unique words (not including names, different forms, and meaning established in the text) between the levels spans 44 to 86, and total word counts 1850 to 3250.

Lauren Aczon's illustrations from throughout the Pisoverse are featured again, providing significant comprehension support for the novice. *See more of Lauren's artwork on Instagram @leaczon, and/or on her blog, (www.quickeningforce.blogspot.com).*

Magister P[iantaggini]
Northampton, MA
June 10th, 2018

P.S. Createspace has merged with KDP as of fall 2018, and now doesn't support Latin. It's unclear what this means aside from restrictions being placed on authors of Latin novellas. Email kdp-customersupport1@amazon.com to endorse Latin becoming a supported language. Thank you!

A

(Alpha)

At this level, you'll find...

- many illustrations
- shorter sentences
- English-like word order
- the words doing, or being something (i.e. subjects) are always used
- the story is short in total length

I
māter ēloquens

Līvia

Līvia est māter Rōmāna.

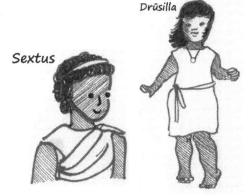

Drūsilla

Sextus

Līvia est māter Sextī
et Drūsillae.

Līvia sēcrētum habet ...

Līvia dēclāmitat![1]

Līvia ēloquens est. Līvia ēloquenter dēclāmitat,
sed clam dēclāmitat. mātrēs Rōmānae nōn
dēclāmitant. sed, Līviae placet dēclāmitāre!

---

[1] **dēclāmitat** *declaims, or practices declaiming (i.e. speaking to an
audience)*

Līvia nōn dēclāmitat in Circō Maximō.

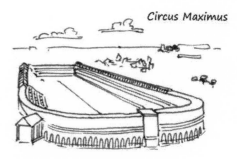

Circus Maximus

Līvia nōn dēclāmitat in Forō Rōmānō.

Forum Rōmānum

Līvia domī dēclāmitat! Līvia clam dēclāmitat domī. sēcrētum tūtum[2] est.

Līvia nōn dēclāmitat prō sculptōribus.[3] Līvia nōn dēclāmitat prō senātōribus.

---

[2] **tūtum** *safe*
[3] **prō sculptōribus** *in front of sculptors*

Līvia dēclāmitat prō statuā!

Līvia clam dēclāmitat domī prō statuā. Līvia ēloquenter dēclāmitat domī prō statuā.

Līviae valdē placet dēclāmitāre!

*Confident? Continue on page **44***

II
in triclīniō

diēs Veneris

est diēs Veneris.

Līvia dēclāmitāre vult. Sextus et Drūsilla nōn sunt domī.

Līvia induit¹ togam, et dēclāmitat. Līvia dēclāmitat prō statuā. Līvia ēloquenter dēclāmitat et dēclāmitat et dēclāmitat!

subitō, Sextus domum it!

Līvia:
"Sexte, vīsne īre ad Forum Rōmānum? vīsne vidēre sculptūrās in Forō Rōmānō?"

Sextus:
"ego volō sculptūrās vidēre! sculptūrās vidēēēēre volōōōō!"

---

¹ **induit** *puts on*

Sextō placent sculptūrae. Līvia est bona māter. Līvia stolam induit.

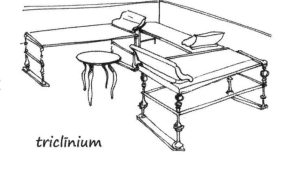

sēcrētum Līviae est tūtum.

triclīnium

mātrēs Rōmānae gerunt[2] stolās. Līviae nōn placet gerere stolās. Līviae valdē placet gerere togās!

senātōrēs togās gerunt. senātōrēs gerunt togās, et dēclāmitant in Cūriā.

Cūria

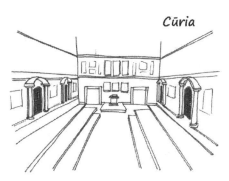

senātor

Līvia vult esse senātor. Līvia Sextum videt. Sextus tunicam gerit. Sextus nōn gerit togam. Sextus sculpit![3]

---

[2] **gerunt** *wear*
[3] **sculpit** *is sculpting*

Sextus:
"ego sculpō.
ego sum Sextus Sculptor!"

Līvia:
"bene, sed bonī Rōmānī dēfendunt
Rōmam.[4] sculptōrēs nōn dēfendunt
Rōmam."

Sextus:
"sed...sed...sed ego sum puer bonus! dēfendere
Rōmam nōn placet![5] sculptūrae placent. ego
sculpere volō. scullllllpere volōōōō!"

Līvia...

*Sextus sculpere vult. Sextus nōn vult
dēfendere Rōmam. Sextus tristis est.
ego sum tristis quoque. ego sum māter
Rōmāna. mātrēs tenerae[6] sunt. sed, ego
nōn sum tenera. ego ēloquens sum! ego volō esse
senātor. ego induō togam, et ēloquenter
dēclāmitō. sed, mātrēs Rōmānae nōn possunt
esse senātōrēs.*

---

[4] **dēfendunt Rōmam** *defend Rome*
[5] **dēfendere Rōmam nōn placet** *defending Rome isn't pleasing (i.e. I don't like)*
[6] **tenerae** *delicate*

puerī Rōmānī nōn gerunt stolās. puerī Rōmānī gerunt tunicās et togās. Sextō nōn placent togae. sculpens,[7] Sextus nōn gerit togam.

tunica

Līvia:
"Sexte, vīsne esse puer bonus? frāter meus, Gāius, gerit togam. Gāius Rōmam dēfendēbat. iam, Gāius vult esse senātor. vīsne esse senātor, quoque?"

Sextus nōn vult esse senātor. sed, Sextō placet Gāius. Gāius bonus est. Sextus vult esse bonus, quoque. Sextus iam induit togam.

subitō, Līvia Agrippīnam videt!

*Confident? Continue on page **49***

---

[7] **sculpens** *sculpting*

III
Agrippīna

Agrippīna quoque est māter Rōmāna bona. Agrippīna est māter Pīsōnis et Rūfī.

Agrippīna nōn est ēloquens. Agrippīna est tenera māter Rōmāna. Agrippīna stolās gerit. Agrippīna cēnās parat.[1]

Agrippīna:
"Līvia, habēsne urnam? ego urnam volō. ego volō parāre cēnam."

Līvia...

Agrippīna est tenera māter Rōmāna. Agrippīnae probābiliter placet parāre cēnam! Agrippīna nōn ēloquenter dēclāmitat. Agrippīna nōn potest dēclāmitāre!

---

[1] **cēnās parat** *prepares dinners*

Līvia:
"ego nōn habeō urnam, Agrippīna."

Agrippīna:
"fūr rapuit[2] urnam meam!"

Līvia...

fūr rapuit urnam Agrippīnae quoque?! fūr rapuit meam urnam diē Veneris! nōn sumus tūtae.

Līvia:
"sunt fūrēs Rōmae. nōn sumus tūtae.
sumus mātrēs Rōmānae."

Agrippīna tristis est.

Confident? Continue on page 53

---

[2] **fūr rapuit** *a thief stole*

IV
in culīnā

diē Mārtis, Līvia dēclāmitāre vult. Sextus et Drūsilla nōn sunt domī. Līvia est in culīnā. Līvia prō statuā ēloquenter dēclāmitat et dēclāmitat et dēclāmitat!

subitō, Drūsilla domum it!

Drūsilla:
"māter, esne in culīnā?"

Līvia:
"ego parō cēnam, Drūsilla. vīsne cēnam?"

Līvia stolam induit. Līvia iam parat cēnam. sēcrētum tūtum est.

> *Drūsilla:*
> "māter, volō stolam meam."

Drūsilla iam induit stolam. Drūsillae placet gerere stolās.

> *Drūsilla:*
> "estne frāter domī?"

Līvia:
"Sextus est in Forō Rōmānō.
Sextus volēbat vidēre sculptūrās.
Sextus est cum Pīsōne."

subitō, Sextus domum it! Sextus vult vidēre statuam. Sextō valdē placent statuae!

> *Sextus:*
> "estne statua in triclīniō, māter?
> ego volō vidēre statuam! statuam volō
> vidēre! statuam vidēēēēre volōōōō!"

Līvia:
"Sexte, statua est in culīnā."

Sextus it in culīnam.

Līvia...

Sextus puer est. puerī possunt dēclāmitāre. ego tristis sum. ego possum et[1] gerere togam et dēclāmitāre. sed, mātrēs Rōmānae togās nōn gerunt. mātrēs Rōmānae videntur esse tenerae.[2] ego nōn sum tenera—ego sum ēloquens! ego dēclāmitāre possum! ego ēloquenter dēclāmitō! ego dēclāmitāre volō!

Confident? Continue on page 57

---

[1] **et...et...** *both...and...*
[2] **videntur esse tenerae** *seem to be delicate*

V
statua et toga

diēs Mercuriī

diē Mercuriī, Agrippīna it domum Līviae. Agrippīna habet cācabum Līviae.

Agrippīna:
"Līvia, parāvī cēnam cācabō.[3] cācabus erat bonus ad cēnam parandam![4]"

Līvia et Agrippīna sunt in culīnā. subitō, Agrippīna videt statuam...et togam!

Agrippīna:
"Quid est, Līvia?!"

Līvia vult sēcrētum esse tūtum.

---

[3] **parāvī cēnam cācabō** *I prepared dinner with the cooking-pot*
[4] **ad cēnam parandam** *for preparing dinner*

Līvia:
"uhh...sunt toga...toga et statua
...uhh sunt frātris meī, Gāiī.
habēsne statuās?"

Agrippīna:
"habēmus statuās. sed, habēs
statuam...et *togam*...Gāiī?"

Līvia:
"uhh...Gāius dēclāmitat prō statuā.
Gāius vult esse senātor bonus.
mātrēs bonae quoque dēclāmitant
prō statuīs. mātrēs volunt esse ēloquentēs."

sēcrētum nōn est tūtum!

Agrippīna:
"mātrēs—Quid?!"

Līvia:

estne sēcrētum meum tūtum?

Līvia:
"uhh...SENĀTŌRĒS...senātōrēs
...volunt esse ēloquentēs. senātōrēs
bonī dēclāmitant prō statuīs."

subitō, Sextus it in culīnam! Sextus vult sculpere in culīnā.

Līvia:
"uhh...Agrippīna, eāmus[5] ad triclīnium!"

Agrippīna et Līvia eunt ad triclīnium.

Agrippīna:
"Quid Sextus vult?"

Līvia:
"Sextus vult esse sculptor."

Agrippīna:
"sculptor? bonī Rōmānī sunt senātōrēs.
sculptōrēs nōn sunt senātōrēs!"

Agrippīna tristis est.

Līvia:
"frāter meus, Gāius, iam vult
esse senātor. ego quoque vol..."

Līvia sēcrētum habet!

---

[5] **eāmus!** *Let's go!*

Agrippīna:
"Quid?! Quid vīs, Līvia?"

Līvia:
"uhh...ego quoque volō Sextum esse senātōrem."

Agrippīna:
"bene. valē, Līvia!"

Līvia:
"valē!"

sēcrētum Līviae est tūtum!

*Confident? Continue on page **61***

VI
Sexte?!, Drūsilla?!

diēs Sāturnī

diē Sāturnī, Līvia dēclāmitāre vult. Sextus et Drūsilla nōn sunt domī. Līvia togam induit. Līvia ēloquenter dēclāmitat!

nox est. Līvia nōn bene videt nocte.

subitō, Līvia fūrem videt! fūr habet cācabum Līviae! fūr habet statuam quoque!

Līvia:
"do...do...domō ī!"

fūr:
"es māter Rōmāna.
es tenera."

Līvia vult pugnāre in fūrem, sed nōn potest! subitō, Drūsilla et Sextus eunt domum!

Sextus:
"māter, māter, esne domī?"

Līvia:
"uhh...sum domī, Sexte! ego parō
cēnam in culīnā. ego cācabum volō.
sed, cācabus nōn est in culīnā.
ego nōn videō cācabum."

Līvia loquitur cum Sextō. subitō, fūr rapit cācabum, statuam et stolam Līviae! iam, fūr clam it domō. Līvia nōn videt fūrem.

Līvia:
"Sexte, est nox. vīsne cēnam?"

Sextus:
"bene, māter. ego valdē volō cēnam!"

Līvia vult induere stolam.

cācabus et statua nōn sunt in culīnā! stola rapta est quoque! sēcrētum Līviae nōn erit tūtum!

Confident? Continue on page 64

VII
fūr

Līvia:

"ego nōn habeō stolam. fūr stolam rapuit! fūr
iam habet stolam. ego togam habeō. sed, ego
nōn possum gerere togam. mātrēs Rōmānae
gerunt stolās!"

Sextus:

"māter, parāsne cēnam?"

Līvia:

"ego cēnam parō, sed nōn habeō cācabum.
Agrippīna cācabōs habet. ego volō īre domum
Agrippīnae. ego volō cācabum ad cēnam
parandam."

Sextus:

"sed Agrippīna habuit cācabum
diē Mārtis. est diēs Sāturnī!
Agrippīna nōn habet cācabum."

sēcrētum Līviae nōn est tūtum!

Līvia:
"uhh...Agrippīna habuit cācabum
et diē Mārtis et diē Iovis.
iam eō domum Agrippīnae."

Līvia clam it domō. nox est. Rōmānī nōn bene vidēbunt nocte. Rōmānī nōn vidēbunt Līviam. sēcrētum Līviae erit tūtum. sed, Līvia nōn potest vidēre fūrem.

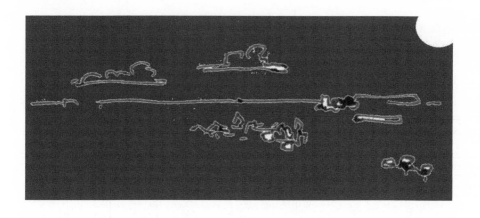

Līvia:

fūr stolam rapuit! ego volō stolam, sed nōn videō fūrem. ego nōn habeō stolam. ego sēcrētum habeō. sēcrētum meum nōn est tūtum! ego nōn possum gerere togam domī! hmm...Agrippīna habet stolās! ego possum rapere stolam Agrippīnae!"

Līvia clam it domum Agrippīnae. Līvia vult rapere stolam Agrippīnae. Līvia vult stolam, sed Līvia nōn videt stolās! Agrippīna nōn habet stolās!

Līvia:
Agrippīna nōn habet stolās?! Agrippīna est māter Rōmāna tenera. fūr probābiliter rapuit stolās Agrippīnae quoque...

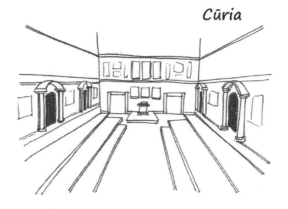

Gāius

subitō, Līvia Gāium videt!

Līvia:
"frāter!"

Gāius:
"Līvia, vīdī fūrem in Cūriā. fūr habuit statuam, stolam, et cācabum. iam, habeō stolam!"

Cūria

Līvia:
"est stola mea!"

Gāius:
"Līvia, es māter Rōmāna tenera.
iam es tūta. vīsne cācabum,
statuam, et stolam?"

Līvia iam habet stolam. sēcrētum iam est tūtum.

Līvia:
"ego volō īre domum. Drūsilla et
Sextus probābiliter volunt cēnam."

Līvia it domum.

Confident? Continue on page **69**

VIII
puer bonus

est diēs Mārtis. vult dēclāmitāre. Sextus est domī.

Līvia:
"ego dēclāmitāre volō. ego volō dēclāmitāre in Cūriā. frāter, Gāius, iam dēclāmitat in Forō Rōmānō. ego volō dēclāmitāre cum Gāiō in Senātū Rōmānō."

Sextus iam it in culīnam. Sextus togam gerit.

Sextus:
"māter, māter, ego volō esse senātor!
ego senātor volō esse!
senātor essssse volōōōō!"

Līvia:
"Sexte, nōn vīs esse sculptor?!"

Sextus:
"ego possum et sculpere et dēclāmitāre. iam, ego volō esse et senātor et sculptor."

Līvia:
"es puer bonus!"

subitō, Līvia videt Drūsillam et Pīsōnem in triclīniō! Pīsō tristis est.

Līvia...

bonī Rōmānī dēfendunt Rōmam. Pīsō nōn vult dēfendere Rōmam. Pīsō tristis est. ego quoque sum tristis. ego sum māter Rōmāna. sed, ego nōn sum tenera—sum ēloquens! ego dēclāmitāre volō! ego volō esse senātor. mātrēs Rōmānae nōn possunt esse senātōrēs. ego tristis sum.

Pīsō tristis est. subitō, Pīsō it domō Līviae!

Līvia bona est. Līvia it ad Pīsōnem. Līvia loquitur cum Pīsōne. Līvia ēloquenter loquitur cum Pīsōne. Pīsō iam tristis nōn est.

*Confident? Continue on page **72***

IX
pater nōn est Rōmae

diēs Iovis

diē Iovis, Līvia et Sextus
sunt domī.

subitō, Drūsilla domum it!

Drūsilla:
"māter, māter! pater iam est Rōmae!
sed, Tiberius, pater Pīsōnis et Rūfī,
nōn est Rōmae!"

Līvia, tristis...

Tiberius nōn est Rōmae?! Pīsō tristis erit.
Rūfus erit tristior.

Līvia est māter bona et ēloquens. Līvia potest loquī
ēloquenter. Līvia vult Agrippīnam vidēre Tiberium.

sed, Tiberius nōn est Rōmae. Tiberius probābiliter
nōn est tūtus.

subitō, Līvia Agrippīnam videt!

Confident? Continue on page 74

X
frāter Līviae

Agrippīna:
"Līvia, Līvia, ego volō vidēre
Iūlium et Tiberium. estne Iūlius domī?"

Iūlius Rōmae est. sed, Tiberius nōn est Rōmae!
Līvia ēloquenter loquitur.

Līvia:
"Agrippīna, ego tristis sum. Tiberius
nōn est Rōmae. sed, probābiliter est
in Britanniā."

subitō, Pīsō domum it!

Pīsō:
"māter, māter! Iūlius est Rōmae,
sed pater nōn est Rōmae!"

32

Līvia ēloquenter loquitur.

Līvia:
"Tiberius erat in Britanniā. iter[1] longum est."

Agrippīna tristis est.

Agrippīna:
"iter longum est."

Līvia:
"frāter, Gāius, iter facit.[2] iter nōn est longum.
Gāius ībit ad Graeciam diē Sāturnī.
iter ad Graeciam est bonum."

subitō, Agrippīna nōn est tristis!

Agrippīna:
"Līvia, ego volō vidēre Gāium.
estne Gāius domī?"

Līvia:
"est!"

Līvia vult vidēre Gāium. Līvia et Agrippīna domum Līviae eunt.

Confident? Continue on page 76

---

[1] **iter** *journey*
[2] **iter facit** *goes on a journey*

XI
sēcrēta mātrum

Agrippīna et Gāius iam sunt in triclīniō Līviae. Līvia
est in culīnā, parāns cēnam.

Agrippīna:
"Gāi, diē Sāturnī, ībis ad Graeciam.
volō Rūfum īre ad Graeciam quoque.
sed, sēcrētum est."

Gāius:
"bene, Rūfus potest īre. Rūfus erit
tūtus. sēcrētum erit tūtum quoque."

Agrippīna it domō Līviae. Līvia iam it in triclīnium.

Līvia:
"Quid vult Agrippīna, Gāi?"

Agrippīna voluit sēcrētum esse tūtum!

Gāius:
"Agrippīna vult Rūf...uhhh...
Agrippīna vult Rūfum esse senātōrem.
ego volō esse senātor quoque."

Līvia:
"bene."

Gāius iam it domō. Līvia togam induit. Līvia dēclāmitat prō statuā. subitō, Sextus domum it! Sextus it in culīnam!

Sextus:
"māter! geris...togam?!"

Līvia:
"Sexte, uhh...uhh...ego sum māter Rōmāna, sed...habeō sēcrētum. ego dēclāmitō. ego induō togam, et dēclāmitō prō statuā. ego ēloquenter dēclāmitō. volō esse senātor. ego sum ēloquens—nōn tenera!"

Sextō valdē placet sēcrētum mātris.

Līvia:
"ego volō esse senātor. sed, mātrēs Rōmānae nōn possunt esse senātōrēs."

Sextus tristis est.

Sextus:

"ego puer sum. ego possum esse senātor. sed, ego nōn sum ēloquens. es ēloquens, sed nōn potes esse senātor. est triste."

Līvia māter bona est.

Līvia:

"est triste. sed, ego sum bona māter Rōmāna. vīs esse sculptor. potes esse sculptor, Sexte! nōn dēfendēs Rōmam. nōn eris mīles."

Sextus iam nōn est tristis.

Līvia:

"iam, vīsne cēnam? eāmus!"

*Confident? Continue on page **80***

XII
valē!

Gāius vult dēclāmitāre in Graeciā. Gāius ībit ad Graeciam. iam, Gāius it domum Līviae.

Gāius:
"Līvia, Sexte, et Drūsilla, ego longum iter faciō. eritis Rōmae."

Sextus:
"Quid?! facis iter longum? ego volō facere longum iter quoque! ego īre volō! īīīre volōōōō!"

Līvia:
"Sexte, nōn potes īre.
longum iter nōn est tūtum.
eris Rōmae. Rōma bona est."

Drūsilla:
"ego quoque volō īre ad Graeciam!"

Līvia:
"Drūsilla, nōn potes!"

Sextus et Drūsilla valdē volunt iter facere. sed, Sextus et Drūsilla nōn possunt. Gāius iam iter facit.

Līvia:
"valē, Gāi!"

Drūsilla et Sextus:
"valē!"

Gāius:
"valēte!"

iam, Gāius it domum Agrippīnae. sed, clam it. sēcrētum est Rūfum īre ad Graeciam cum Gāiō.

eritne iter ad Graeciam bonum?

eritne Rūfus...tūtus?

*Confident? Now read Level **B (Beta)** on page **42**...*

B

(Beta)

At this level, you'll find...

- fewer illustrations
- more words
- short sentences
- Flexible word order
- the words doing, or being something (i.e. subjects) are sometimes used for clarity
- the story is long in total length

I
māter ēloquens

Līvia māter Rōmāna est.
est māter Sextī et Drūsillae.

Līvia

Drūsilla

Sextus

māter bona et honesta
est. Līvia, autem,
sēcrētum habet...

Līvia ēloquens est, et dēclāmitat![1] ēloquenter
dēclāmitat, sed clam dēclāmitat. *nam, mātrēs
Rōmānae dēclāmitāre nōn dēbent. Līviae, autem,
dēclāmitāre placet!*

Līvia in Circō Maximō
nōn dēclāmitat.

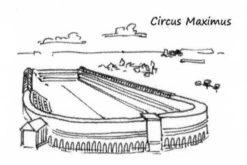

Circus Maximus

---

[1] **dēclāmitat** *declaims, or practices declaiming (i.e. speaking to an audience)*

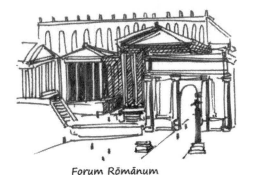

Līvia in Forō Rōmānō nōn dēclāmitat.

Līvia domī dēclāmitat!

Forum Rōmānum

cum Sextus et Drūsilla absint,[2] Līvia clam dēclāmitat domī. Līvia est honesta, sed clam dēclāmitat quia vult sēcrētum esse tūtum.[3]

Līvia prō sculptōribus[4] nōn dēclāmitat. Līvia prō senātōribus nōn dēclāmitat.

Līvia prō statuā dēclāmitat! prō statuā clam et ēloquenter dēclāmitat domī. Līviae dēclāmitāre valdē placet!

*Frustrated? Reread from page **7***
*Confident? Continue on page **87***

---

[2] **cum absint** *whenever they are away*
[3] **vult sēcrētum esse tūtum** *wants the secret to be safe*
[4] **prō sculptōribus** *in front of sculptors*

43

II
in triclīniō

diē Veneris, Līvia dēclāmitāre vult. līberīs absentibus,[1] Līvia togam sūmit, et dēclāmitat. Līvia prō statuā dēclāmitat. Līvia ēloquenter dēclāmitat et dēclāmitat et dēclāmitat!

subitō, Sextus domum it! Sextus clāmōrem audit. clāmōrem ē triclīniō audit.

Sextus:
"māter, māter, esne in triclīniō?
Quid agis? clāmor est!"

Līvia:
"nihil agō, Sexte! laeta sum quia es domī. vīsne cēnam? vīsne vidēre sculptūrās in Forō Rōmānō?"

Sextus:
"volō sculptūrās vidēre!
sculptūrās vidēēēēre volōōōō!"

---

[1] **līberīs absentibus** *since the children are away*

Līvia bona māter est. nam, Sextō sculptūrae placent. iam, Līvia togam et statuam clam pōnit sub lectō, stolam sūmit, et stolam induit.[2] sēcrētum Līviae tūtum est.

mātrēs Rōmānae stolās gerunt.[3] Līviae, autem, stolās gerere nōn placet. Līviae stolae nōn placent. valdē placet togās gerere! cum Drūsilla et Sextus absint, Līvia togās induit, gerit, et clam dēclāmitat. Līvia togās gerit, quia senātōrēs togās gerunt.

senātor

Līvia senātor esse vult. Līvia vult dēclāmitāre in Cūriā, togam gerēns.

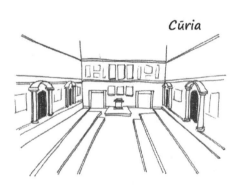

Cūria

Līvia est laeta quia sēcrētum est tūtum. subrīdet. ad cubiculum Sextī it. Līvia Sextum videt. Sextus tunicam gerit, sed nōn togam gerit. Līvia videt Sextum sculpere![4]

Frustrated? Reread from page 10
Confident? Continue on page 87

---

[2] **induit** *puts on*
[3] **gerunt** *wear*
[4] **videt Sextum sculpere** *sees Sextus sculpting*

Līvia:
"Quid agis, Sexte?!"

Sextus subrīdet.

Sextus:
"sculpō. sum Sextus Sculptor!"

Līvia:
"bene, sed puer Rōmānus bonus patriam
dēfendere[5] dēbet. Rōmānī bonī sunt mīlitēs.
sculptōrēs Rōmam nōn dēfendunt."

Sextus:
"sed...sed...sed puer bonus sum! mīlitēs mihi
nōn placent, māter! sculptūrae mihi placent.
sculpere volō. scullllllpere volōōōō!"

Līvia:
"sculptūrae mihi placent quoque, Sexte, sed
puer Rōmānus es. dēbēs togam gerere et
patriam dēfendere. mīles esse dēbēs. māter
Rōmāna sum. ego stolam gerere dēbeō."

---

[5] **patriam dēfendere** *to defend the country*

Līvia rem putat...[6]

 miserum Sextum! Sextō patriam dēfendere nōn placet. Sextus est puer bonus. sculpere vult! bonus Rōmānus, autem, esse mīles et patriam dēfendere dēbet. Gāius, frāter meus, patriam dēfendēbat. Gāius mīles bonus erat. Gāius iam laetus est. Sextus, autem, tristis est. ego quoque tristis sum. māter Rōmāna sum. dēbeō esse tenera.[7] *ego, autem, tenera nōn sum—sum ēloquens! dēbeō gerere stolam teneram, sed volō gerere togam. induō togam quia senātor esse volō. induō togam quia ēloquenter dēclāmitō, sed tristis sum. nam, mātrēs Rōmānae senātōrēs esse nōn possunt.*

puerī Rōmānī nōn stolās, sed tunicās sub togīs gerunt. Sextō, autem, togae nōn placent. Sextus togātus[8] nōn potest bene sculpere. Sextus vult sculpere.

Līvia:
"Sexte, vīsne esse puer bonus? frāter meus, Gāius, togam gerit. Gāius bonus mīles erat, et patriam dēfendēbat, sed iam senātor esse vult. vīsne esse senātor, quoque?"

---

[6] **rem putat** *considers the matter*
[7] **tenera** *delicate*
[8] **togātus** *wearing a toga*

Līvia māter bona est. Sextus senātor esse nōn vult, sed Sextō placet Gāius. Gāius est bonus. Sextus vult esse bonus quoque. Sextus quoque vult mātrem esse laetam. Sextus iam induit togam.

Līvia laeta est. subrīdet.

subitō, Līvia Agrippīnam videt!

*Frustrated? Reread from page **11***
*Confident? Continue on page **90***

III
Agrippīna

Agrippīna quoque est māter Rōmāna. est māter Pīsōnis et Rūfī. Agrippīna quoque māter bona est.

Agrippīna probābiliter sēcrētum nōn habet. ēloquens nōn est. tenera māter Rōmāna est. Agrippīna stolās gerit, et cēnās parat.[1] Agrippīnae probābiliter placet tenerum esse. probābiliter placet stolās induere. probābiliter valdē placet cēnās parāre!

Agrippīna:
"Līvia, habēsne urnam? urnam quaerō ad cēnam parandam![2] cēnam parāre līberīs meīs, Pīsonī et Rūfō, volō."

urna

---

[1] **cēnās parat** *prepares dinners*
[2] **ad cēnam parandam** *to prepare dinner*

Līvia rem putat...

miseram Agrippīnam! Agrippīna ēloquens nōn est. Agrippīnae probābiliter placet cēnam parāre! tenera māter Rōmāna est. nōn ēloquenter dēclāmitat. dēclāmitāre nōn potest!

Līvia:
"urnam nōn habeō, Agrippīna. urna mea rapta est!³ habēbam urnam tuam, sed nōn iam! Cūr urnam quaeris? Ubi est urna tua, iam?"

Agrippīna:
"iam, urna mea abest quoque! putō fūrem urnam meam rapuisse⁴ quoque!"

Līvia, rem putāns...

fūr urnam Agrippīnae rapuit quoque?! fūr meam urnam rapuit diē Veneris! miserās mātrēs! fūrēs urnās nostrās⁵ rapiunt! tūtae nōn sumus.

---

³ **rapta est** *was stolen*
⁴ **putō fūrem rapuisse** *I think that the thief stole*
⁵ **urnās nostrās** *our water-pots*

Līvia:
"sunt fūrēs Rōmae. marītī nostrī absunt. marītīs absentibus nostrīs,[6] tūtae nōn sumus. Quid agāmus?![7] mātrēs Rōmānae sumus."

Agrippīna vidētur esse tristis.[8] subrīdet.

Agrippīna:
"marītīs absentibus...cēnam parāmus."

Līvia:
"urnam nōn habeō quia fūr urnam meam rapuit. habeō, autem, cācabum. vīsne habēre cācabum ad cēnam parandam?"

cācabus

Agrippīna:
"cēnam parāre dēbeō. volō cācabum."

---

[6] **marītīs absentibus nostrīs** *with our husbands away*
[7] **Quid agāmus?!** *What should we do?!*
[8] **vidētur esse tristis** *seems to be sad*

Agrippīna cācabum sūmit, et cum cācabō domō
Līviae it.

Agrippīna:
"valē!"

Līvia:
"valē, Agrippīna!"

*Frustrated? Reread from page **14***
*Confident? Continue on page **92***

IV
in culīnā

diē Mārtis, Līvia dēclāmitāre vult. līberīs absentibus, Līvia stolam sub mēnsā pōnit, et statuam sūmit. Līvia prō statuā dēclāmitat. ēloquenter dēclāmitat et dēclāmitat et dēclāmitat! subitō, Drūsilla domum it! Drūsilla clāmōrem ē culīnā audit.

Drūsilla:
"māter, esne domī? Ubi est clāmor? estne clāmor in culīnā? māter, esne in culīnā? Quid agis?"

Līvia:
"nihil agō, Drūsilla! laeta sum quia iam es domī. cēnam parō. vīsne cēnam?"

Līvia māter bona est. Līvia statuam clam pōnit sub mēnsā, stolam sūmit et induit, et cēnam parat. sēcrētum tūtum est. ad Drūsillam it.

Drūsilla:
"Ubi est stola mea, māter?"

Līvia:
"hmm. putō stolam esse[1] in cubiculō. quaere stolam in cubiculō tuō!"

stola in cubiculō Drūsillae est. Drūsilla stolam iam induit. Drūsillae stolās gerere placet.

Drūsilla:
"Ubi est frāter, Sextus?"

Līvia:
"Sextus sculptūrās in Forō Rōmānō vidēre volēbat. Sextus cum Pīsōne, īvit ad sculptūrās videndās."[2]

subitō, Sextus domum it! in triclīniō statuam quaerit. Sextō statuae valdē placent!

---

[1] **putō stolam esse** *I think that the dress is*
[2] **īvit ad sculptūrās videndās** *went to see sculptures*

Sextus:
"Ubi est statua nostra, māter? statuam nostram vidēre volō! statuam vidēre volō! statuam vidēēēēre volōōōō!"

Līvia Sextum audit. Līvia stolam—nōn togam—iam gerit. Līviā gerente stolam,[3] sēcrētum tūtum est. Līvia ad Sextum it.

Drūsilla:
"statua abest, Sexte fūfe!"[4]

Līvia Drūsillam audit.

Līvia:
"Drūsilla! es bona![5]
Sexte, statua in culīnā est."

Sextus laetus nōn est, sed mātrem audit, et in culīnam it. Sextus statuam sub mēnsā videt. statuam sūmit. Sextus vult sculpere, sed quoque vult mātrem esse laetam. Sextus prō statuā dēclāmitat.

---

[3] **Līviā gerente stolam** *with Livia wearing a dress*
[4] **fūfe** *Drusilla's name for Sextus, from* fūfus (= *gross!*)
[5] **es bona!** *Be good!*

Līvia rem putat...

laetum Sextum! Sextus dēclāmitāre potest quia puer est. est laetus. ego, autem, sum tristis. ego et togam gerere et dēclāmitāre possum, sed clam dēclāmitō. nam, mātrēs Rōmānae togās nōn gerunt. mātrēs Rōmānae videntur esse tenerae.[6] mātrēs Rōmānae tenerae nōn dēclāmitant ēloquenter. ego, autem, tenera nōn sum—sum ēloquens! dēclāmitāre possum! ēloquenter dēclāmitō! dēclāmitāre volō!

Frustrated? Reread from page 16
Confident? Continue on page 95

---

[6] **videntur esse tenerae** *seem to be delicate*

V
statua et toga

diē Mercuriī, Agrippīna it domum Līviae. Agrippīna habet cācabum Līviae.

Agrippīna:
"Līvia, parāvī cēnam cācabō.[1]
cācabus erat bonus ad cēnam parandam![2]"

Līvia:
"bene, Agrippīna,
pōne cācabum in culīnā!"

Agrippīna pōnit cācabum in culīnā. subitō, Agrippīna videt statuam...et togam! Agrippīna togam sūmit.

Agrippīna:
"Quid est, Līvia?!"

Līvia vult sēcrētum esse tūtum.

---

[1] **parāvī cēnam cācabō** *I prepared dinner with the cooking-pot*
[2] **ad cēnam parandam** *for preparing dinner*

Līvia:
"uhh...sunt toga...toga et statua...uhh sunt frātris meī, Gāiī. habēsne statuās?"

Agrippīna:
"habēmus statuās. sed, cūr habēs statuam...et togam...Gāiī?"

Līvia:
"uhh...Gāius dēclāmitat prō statuā. Gāius vult esse senātor bonus. mātrēs bonae quoque dēclāmitant prō statuīs. mātrēs volunt esse ēloquentēs."

Agrippīna Līviam audit. sēcrētum nōn est tūtum!

Agrippīna:
"mātrēs—Quid?!"

Līvia:

audīvitne Agrippīna? estne sēcrētum meum tūtum?

Līvia:
"uhh...SENĀTŌRĒS...senātōrēs...volunt esse ēloquentēs. senātōrēs bonī dēclāmitant prō statuīs."

Frustrated? Reread from page 19
Confident? Continue on page 96

Līvia:

 probābiliter Agrippīna nōn audīvit sēcrētum meum.

subitō, Sextus it in culīnam!

Līvia:
"uhh...Agrippīna, eāmus[3] ad triclīnium!"

Agrippīna et Līvia eunt ad triclīnium. subitō, Agrippīna et Līvia audiunt Sextum! in culīnā, Sextus dēclāmitat. Līvia it in culīnam, et ad Sextum.

Līvia:
"Sexte, ēloquenter dēclāmitās! eris bonus senātor. dēclāmitās ēloquenter, sed nōn geris togam. senātōribus placent togae! vīsne quoque togam gerere?"

Sextus tristis est. Sextus nōn vult esse senātor. Sextus vult esse sculptor. Sextus ad cubiculum it. Līvia it ad Agrippīnam.

Agrippīna:
"Quid Sextus vult?"

---

[3] **eāmus!** *Let's go!*

Līvia:
"Sextus vult esse sculptor."

Agrippīna:
"sculptor? bonus Rōmānus
dēbet esse senātor. sculptōrēs nōn
sunt senātōrēs!"

Agrippīna tristis est.

Līvia:
"frāter meus, Gāius, iam vult esse senātor.
ego quoque vol..."

Līvia sēcrētum habet! audīvitne Agrippīna?

Agrippīna:
"Quid?! Quid vīs, Līvia?"

Līvia:
"uhh...nihil, Agrippīna, nihil. ego quoque
volō Sextum esse senātōrem."

Agrippīna:
"bene. valē, Līvia!"

Līvia:
"valē!"

Agrippīna nōn bene audīvit Līviam. sēcrētum
Līviae est tūtum!

Frustrated? Reread from page 21
Confident? Continue on page 99

VI
Sexte?!, Drūsilla?!

diē Sāturnī, Līvia dēclāmitāre vult. līberīs absentibus, Līvia stolam sub lectō pōnit, togam sūmit, et induit, statuam in triclīniō pōnit, et ēloquenter dēclāmitat iterum!

subitō, Līvia clāmōrem audit!

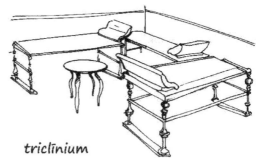

triclīnium

Līvia:
"Sexte?! Drūsilla?!
Quid agitis, līberī?
estisne in culīnā?"

līberī, autem, domī nōn sunt. līberī absunt. Līvia putat clāmōrem esse ē culīnā. Līvia ad culīnam it, sed clam it, togam gerēns. nox est. Līvia nōn bene videt nocte. iam nihil videt.

subitō, Līvia fūrem videt!

miseram Līviam! fūr cācabum Līviae habet! Līvia iam videt fūrem habēre statuam quoque.

Līvia:
"Quid agis...fūr? pō...pōne cācabum et statuam in mēnsā! do...do...domō ī!"

fūr subrīdet.

fūr:
"māter Rōmāna es. Quid agēs?"

Līvia in fūrem pugnāre vult, sed nōn potest! Līvia domō īre vult! subitō, Drūsilla et Sextus domum eunt! audiunt clāmōrem.

Drūsilla:
"Sexte, audīsne clāmōrem?"

Sextus:
"audiō. Ubi est māter? māter, māter, esne domī? clāmor est!"

Līvia Sextum audit. honestē loquī vult, sed quoque vult līberōs esse tūtōs.

Līvia:
"uhh...sum domī, Sexte! in culīnā cēnam parō. est clāmor quia...quia...quia cācabum quaerō. cācabus sub mēnsā nōn est."

dum Līvia loquitur cum Sextō, fūr rapit cācabum, statuam et stolam Līviae! iam, fūr domō clam it. Līvia nihil videt.

Sextus:

"bene, māter. Drūsilla iam domī est. ego, autem, ad Forum Rōmānum īre volō. valē!"

Līvia:

"Sexte, nox est! puer es. tūtum nōn est īre ad Forum nocte. vīsne cēnam?"

Sextus:

"bene, māter. ad Forum ībō diē. cēnam valdē volō!"

Līvia bona māter est. iam videt fūrem abesse. Līvia laeta est quia fūr abest. līberī, autem, domī iam sunt. Līvia cēnam parāre līberīs dēbet. Līvia togam clam pōnit sub mēnsā, quia stolam induere dēbet.

miseram mātrem Līviam! cācabus et statua sub mēnsā nōn sunt! stola rapta est quoque! sēcrētum Līviae tūtum nōn erit!

Frustrated? Reread from page 23
Confident? Continue on page 101

VII
fūrem quaerēns

Līvia:
"Ubi est stola?! stolam nōn habeō. fūr stolam rapuit! fūr stolam iam habet. togam habeō, sed togam gerere nōn possum. nam, mātrēs Rōmānae stolās gerere dēbent. stolam dēbeō habēre. stolam volō!"

Sextus mātrem audit.

Sextus:
"Quid agis, māter? parāsne cēnam?"

Līvia:
"cēnam parō, sed cācabum nōn habeō. cācabus...cācabus...cācabus abest. Agrippīna cācabōs habet. domum Agrippīnae īre volō. quaeram cācabum ab Agrippīnā ad cēnam parandam."

Sextus:
"sed Agrippīna cācabum sūmpsit diē Mārtis. est diēs Sāturnī! clārē, Agrippīna cācabum nōn habet."

Līvia honesta est, sed sēcrētum tūtum nōn est!

Līvia:

"uhh...Agrippīna sūmpsit cācabum et diē Mārtis et diē Iovis."

Sextus ad cubiculum it. Sextus putat mātrem īre domum Agrippīnae ad cācabum quaerendum.[1] Agrippīna, autem, cācabum nōn habet, et Līvia fūrem quaerit. nam, fūr rapuit, cācabum, statuam et stolam! Līvia domō clam it ad stolam sūmendam[2] ā fūre.

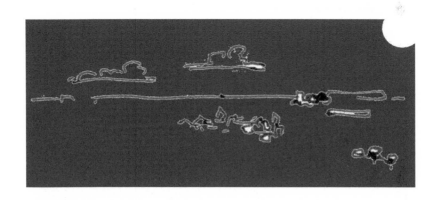

nox est. mātrēs Rōmānae cēnam parant diē, sed Līvia cēnam parat nocte. Līvia laeta est quia Rōmānī nōn bene vidēbunt nocte. Rōmānī Līviam togam gerentem nōn vidēbunt. sēcrētum Līviae tūtum erit. Līvia fūrem quaerit, sed clam quaerit. nam, māter Rōmāna nōn dēbet esse ē domō nocte, togam gerēns!

---

[1] **ad cācabum quaerendum** *to look for the cooking-pot*
[2] **ad stolam sūmendam** *to get the dress*

subitō, Līvia Agrippīnam videt! Agrippīna nōn ē domō, sed domī est, cēnam parāns in culīnā. Agrippīna, autem, nōn bene videt nocte. Agrippīna Līviam vidēre nōn potest. Līvia laeta est. Līvia fūrem quaerit et quaerit et quaerit. fūr, autem, abest. cācabus, statua et stola Līviae absunt quoque. raptī sunt ā fūre!

Līvia, rem putāns:

 stolam dēbeō habēre. fūr stolam rapuit! stolam quaerō, sed fūr abest. stolam nōn habeō. sēcrētum habeō. sēcrētum nōn est tūtum! stolam induere dēbeō. nam, nōn possum esse domī togam gerēns! Quid agam?![3]

subitō, Līvia laeta est! subrīdet.

Līvia, rem putāns:
clārē, Agrippīna stolās habet! possum rapere stolam ab Agrippīnā!

nox est. Līvia clam domum Agrippīnae it ad stolam rapiendam.[4] Līvia stolam rapere vult, sed Līvia nihil videt! Agrippīna stolās nōn habet!

Līvia, rem putāns:
Cūr Agrippīna stolās nōn habet? Agrippīna est māter Rōmāna. fūr probābiliter rapuit stolās Agrippīnae quoque...

---

[3] **Quid agam?!** *What should I do?!*
[4] **ad stolam rapiendam** *to steal a dress*

subitō, Līvia frātrem,
Gāium videt!

Gāius

Līvia:
"frāter!"

Gāius:
"Līvia, in fūrem iam pugnāvī. vīdī fūrem īre ad
Cūriam. fūr ad Cūriam īvit cum statuā, stolā, et
cācabō. in fūrem pugnāvī. iam, habeō stolam.
estne stola tua? Cūr togam geris?!"

Cūria

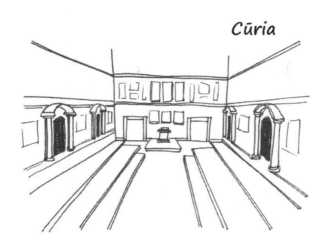

Līvia:
"est stola mea! togam gerō quia...quia
...quia fūr stolam meam rapuit, clārē!
ego domō īvī ad fūrem quaerendum."

Gāius:
"quaerēbās fūrem?! Līvia, nōn erat tūtum! es tenera māter Rōmāna. laetus sum quia tūta es. fūr cācabum, statuam, et stolam rapuit! iam, habē cācabum, statuam, et stolam tuam!"

Līvia iam habet stolam iterum. laeta est. sēcrētum iam est tūtum.

Līvia:
"dēbeō domum īre ad cēnam parandam.
Drūsilla et Sextus cēnam habēre dēbent."

laeta, Līvia domum it.

Frustrated? Reread from page 25
Confident? Continue on page 104

VIII
puer bonus

est diēs Mārtis. Līvia iterum dēclāmitāre vult, sed Sextus domī est. Līvia in culīnā est. Sextus est in cubiculō.

Līvia:
"dēclāmitāre volō. frāter, Gāius, in Forō Rōmānō iam dēclāmitat."

Gāius vult esse senātor. Gāius in Senātū Rōmānō dēclāmitāre vult. iam, in Forō Rōmānō, sed nōn in Cūriā, dēclāmitat. Līvia, autem, domī est, et cēnam parat. nam, mātrēs Rōmānae senātōrēs esse nōn possunt.

Līvia:
"volō cum Gāiō in Senātū Rōmānō, in Cūriā, dēclāmitāre."

Sextus mātrem audit, et in culīnam iam it. Sextus togam gerit.

Sextus:
"māter, māter, senātor esse volō!
senātor esse volō! senātor essssse volōōōō!"

Līvia:
"Sexte, nōn vīs esse sculptor?!"

Sextus:
"possum et sculpere et dēclāmitāre. iam, volō
esse et senātor et sculptor."

Līvia:
"puer bonus et honestus es! vīs esse et senātor
et sculptor—ego et pater laetī sumus!"

Līvia subrīdet. subitō, Līvia Drūsillam et Pīsōnem
in triclīniō videt! Līvia iam nōn subrīdet.

Līvia rem putat...

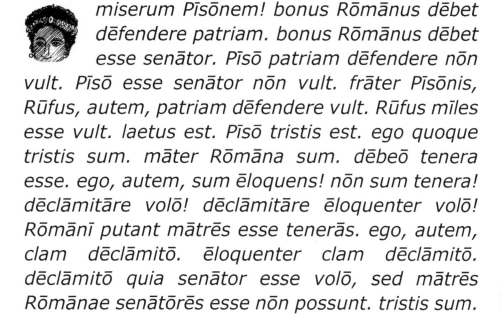

miserum Pīsōnem! bonus Rōmānus dēbet dēfendere patriam. bonus Rōmānus dēbet esse senātor. Pīsō patriam dēfendere nōn vult. Pīsō esse senātor nōn vult. frāter Pīsōnis, Rūfus, autem, patriam dēfendere vult. Rūfus mīles esse vult. laetus est. Pīsō tristis est. ego quoque tristis sum. māter Rōmāna sum. dēbeō tenera esse. ego, autem, sum ēloquens! nōn sum tenera! dēclāmitāre volō! dēclāmitāre ēloquenter volō! Rōmānī putant mātrēs esse tenerās. ego, autem, clam dēclāmitō. ēloquenter clam dēclāmitō. dēclāmitō quia senātor esse volō, sed mātrēs Rōmānae senātōrēs esse nōn possunt. tristis sum.

clārē, Pīsō vidētur esse tristis. subitō, Pīsō domō Līviae it! Līvia, autem, est bona. Līvia ad Pīsōnem it quia vult puerum esse[1] laetum.

Līvia cum Pīsōne loquitur. Līvia ēloquenter cum Pīsōne loquitur. Pīsō iam laetus est.

*Frustrated? Reread from page **29***
*Confident? Continue on page **106***

---

[1] **vult puerum esse** *wants the boy to be*

IX
pater abest

diē Iovis

diē Iovis, Līvia et Sextus domī sunt. subitō, Drūsilla domum it!

Drūsilla:
"māter, māter! mīlitēs Rōmānī iam Rōmae sunt! pater noster est Rōmae!

pater Sextī et Drūsillae est Rōmae. Līvia et Sextus et Drūsilla laetī sunt quia pater, Iūlius, iam est Rōmae!

Drūsilla:
"pater noster est Rōmae,
sed Tiberius, pater Pīsōnis et Rūfī, abest!
Ubi est pater Pīsōnis et Rūfī?"

Līvia nōn est laeta. rem putat...

> *Tiberius, marītus Agrippīnae, nōn est Rōmae?! Ubi sit?![1] miseram Agrippīnam! miserōs puerōs! Pīsō tristis erit. Rūfus erit tristior.*

Līvia vult Agrippīnam vidēre marītum, sed Tiberius abest. Tiberius tūtus nōn est. Līvia māter bona est. est māter ēloquens. potest loquī ēloquenter.

subitō, Līvia Agrippīnam videt!

Frustrated? Reread from page 31
Confident? Continue on page 107

---

[1] **Ubi sit?!** *Where could he be?!*

X
fräter Līviae

Agrippīna:
"Līvia, Līvia, laeta sum! mīlitēs Rōmānī
sunt Rōmae! esne laeta, Līvia? volō
vidēre Iūlium et Tiberium. estne Iūlius domī?"

*miseram Agrippīnam! Agrippīna putat Tiberium
esse[1] Rōmae. Tiberius, autem, abest.*

Līvia iam ēloquenter loquitur.

Līvia:
"Agrippīna, laeta nōn sum. sum tristis.
Tiberius cum mīlitibus nōn est.
Tiberius abest."

subitō, Pīsō domum it!

Pīsō:
"māter, māter! mīlitēs sunt
Rōmae, sed pater abest! pater
cum mīlitibus nōn est!"

---

[1] **putat Tiberium esse** *thinks that Tiberius is*

Agrippīna nōn subrīdet. Līvia iam ēloquenter loquitur.

Līvia:
"nihil est, Agrippīna. marītus tuus mīles bonus est. iter[2] longum est ā Britanniā."

Agrippīna tristē subrīdet.

Agrippīna:
"iter longum est."

Līvia:
"frāter, Gāius, iter facit.[3] iter, autem, longum nōn est. Gāius ad Graeciam ībit diē Sāturnī. iter ad Graeciam bonum est. iter ā Britanniā est longius! Tiberius Rōmae erit."

subitō, Agrippīna subrīdet!

Agrippīna:
"Līvia, volō vidēre Gāium. estne frāter tuus domī?"

Līvia:
"est!"

Līvia et Agrippīna domum Līviae eunt ad Gāium videndum.[4]

Frustrated? Reread from page 32
Confident? Continue on page 109

---

[2] **iter** *journey*
[3] **iter facit** *is going on a journey*
[4] **ad Gāium videndum** *to see Gaius*

XI
sēcrēta mātrum

Agrippīna et Gāius iam sunt in triclīniō Līviae. Līvia, autem, in culīnā est, cēnam parāns.

Agrippīna:
"Gāi, diē Sāturnī, ad Graeciam ībis. Cūr ad Graeciam ībis?"

Gāius:
"ad Graeciam ībō quia volō esse senātor. dēbeō ēloquenter dēclāmitāre."

Agrippīna:
"volō Rūfum īre ad Graeciam quoque. volō Rūfum īre ad lūdum. sed, iter nōn est tūtum. Rūfus cum mīlite īre dēbet. Rūfus īre dēbet tēcum.[1] sed, est sēcrētum."

---

[1] **tēcum** *with you*

Gāius:
"nōn sum mīles. mīles eram, et patriam dēfendēbam. iam, autem, senātor esse volō. sed nihil est. Rūfus mēcum[2] īre potest. Rūfus tūtus erit mēcum. sēcrētum tuum erit tūtum quoque."

laeta, Agrippīna domō Līviae it. Līvia iam in triclīnium it.

Līvia:
"Cūr cum Agrippīnā locūtus es?"[3]

Gāius honestus est, sed Agrippīna voluit sēcrētum esse tūtum.

Gāius:
"Agrippīna vult Rūf...uhhh...Agrippīna vult Rūfum esse senātōrem. volō esse senātor quoque."

Līvia:
"bene."

Gāius iam domō it. līberīs absentibus, Līvia togam in culīnā clam sūmit et induit. togam gerēns, Līvia parāta est ad dēclāmitandum prō statuā.

---

[2] **mēcum** *with me*
[3] **locūta est** *spoke*

subitō, Sextus domum it, sed Līvia Sextum nōn audit! Sextus in culīnam it!

Sextus:
"māter! Cūr...togam
...geris?!"

Līvia:
"Sexte, uhh...uhh!"

Līvia videt Sextum esse laetum. Sextus quoque subrīdet. Līvia est honesta. Līvia honestē loquī vult.

Līvia:
"Sexte, sum māter tua Rōmāna, sed...sēcrētum habeō. dēclāmitō. togam induō, et prō statuā dēclāmitō. ēloquenter dēclāmitō quia senātor esse volō. sum ēloquens—nōn tenera!"

Sextō valdē placet sēcrētum mātris. Sextus iterum subrīdet.

Līvia:
"volō esse senātor, sed mātrēs Rōmānae senātōrēs esse nōn possunt."

Sextus vidētur esse tristis. vult mātrem esse laetam.

"possum esse senātor quia puer sum, sed nōn
sum ēloquens. es ēloquens, sed nōn potes esse
senātor. est triste."

Līvia māter bona est.

Līvia:
"est triste. sed, bona māter Rōmāna sum. vīs
esse sculptor. potes esse sculptor, Sexte! nōn
dēbēs patriam dēfendere. nōn dēbēs esse mīles.
potes, sed nōn dēbēs. laeta erō quia laetus es."

Sextus iam subrīdet.

Līvia:
"iam, vīsne cēnam? eāmus!"

*Frustrated? Reread from page **34***
*Confident? Continue on page **112***

XII
valē!

Gāius laetus est. Gāius ad Graeciam ībit quia vult dēclāmitāre in Graeciā. parātus est. iam, domum Līviae it.

Gāius:
"Līvia, Sexte, et Drūsilla, ego longum iter faciō. dum longum iter faciō, Rōmae eritis."

Sextus:
"Quid?! Cūr longum iter facis? longum iter facere quoque volō! īre volō! īīīīre volōōōō!"

Līvia:
"Sexte, īre nōn potes. nam, parvus puer es. longum iter tūtum nōn est. Rōmae esse dēbēs. Rōma est bona."

Drūsilla:
"ego quoque ad Graeciam īre volō!"

Līvia:
"Drūsilla, nōn potes. līberī, Rōmae esse dēbitis."

Sextus et Drūsillae iter facere valdē volunt. līberī iter facere valdē volunt, sed iter longum est. iter facere nōn potest quia parvī līberī sunt.

Drūsilla:
"Gāi, quid agēs in Graeciā?"

Gāius:
"ībō ad Graeciam ad dēclāmitandum in lūdō. senātor esse volō."

Drūsilla:
"lūdus Graecus dēclāmitandī?[1] bene!"

Gāius parātus est ad iter faciendum.

Līvia:
"valē, Gāi!"

Drūsilla et Sextus:
"valē!"

---

[1] **lūdus dēclāmitandī** *school for declaiming*

Gāius laetus est.

Gāius:
"valēte!"

iam, Gāius domum Agrippīnae it, sed clam it. nam, sēcrētum est Rūfum īre ad Graeciam cum Gāiō.

eritne iter ad Graeciam bonum?

eritne Rūfus...tūtus?

*Frustrated? Reread from page **37***
*Confident? Now read Level **Γ- Δ (Gamma-Delta)** on page **86**...*

At these levels, you'll find...

Γ (Gamma)

- more words
- different ways of expressing similar ideas
- Flexible word order, with the action, or state of existing/being (i.e. verb) often at the end
- the story is long in total length

Δ (Delta)

- no illustrations
- words with same/similar meaning (i.e. synonyms) in place of certain words
- more ideas from a different perspective (i.e. passive voice)
- longer sentences

I
māter ēloquens

Līvia, māter Rōmāna, est māter liberōrum, Sextī Drūsillaeque. bona et honesta est, sed sēcrētum habet...

Līvia, quae ēloquens est, dēclāmitat![1]

ēloquenter dēclāmitat, sed clam dēclāmitat. *nam, mātrēs Rōmānae dēclāmitāre nōn dēbent. Līviae, autem, dēclāmitāre placet! dēclāmitandō fruitur.*[2]

Līvia neque in Circō Maximō neque in Forō Rōmānō dēclāmitat. Līvia domī dēclāmitat! cum līberī, Sextus et Drūsilla, absint,[3] Līvia clam dēclāmitat domī. est māter honesta, sed clam dēclāmitat ut sēcrētum tūtum sit.[4]

Līvia neque prō sculptōribus[5] neque senātōribus dēclāmitat. Līvia prō statuā dēclāmitat! cum līberī absint, Līvia prō statuā clam ēloquenterque dēclāmitat domī. dēclāmitandō valdē fruitur!

Frustrated? Reread from page 42

---

[1] **dēclāmitat** *declaims, or practices declaiming (i.e. speaking to an audience)*
[2] **dēclāmitandō fruitur** *derives enjoyment from declaiming (i.e. likes declaiming)*
[3] **cum līberī absint** *whenever the children are away*
[4] **ut sēcrētum tūtum sit** *so that the secret is safe*
[5] **prō sculptōribus** *in front of sculptors*

II
in triclīniō

diē Veneris, māne, Līvia dēclāmitāre vult. līberīs absentibus,[1] Līvia togam sūmit, et dēclāmitat. prō statuā ēloquenter dēclāmitat et dēclāmitat et dēclāmitat! subitō, Sextus domum venit! strepitum ē triclīniō audit.

Sextus: "māter, māter, esne in triclīniō? Quid agis? strepitus est!"

Līvia: "nihil agō, Sexte, mī fīlī! laeta sum quia es domī. velīsne cēnam? velīsne īre ad Forum Rōmānum ad sculptūrās videndās?"

Sextus: "volō sculptūrās vidēre! sculptūrās vidēēēēre volōōōō!"

Līvia bona māter est. nam, fīlius Sextus est puer, cui sculptūrae placent. Sextus sculptūrīs valdē fruitur! Līviā volente[2] sēcrētum esse tūtum, toga statuaque sub lectō clam pōnitur ā mātre ēloquente. iam, Līvia stolam sūmit, et induit ut sēcrētum tūtum sit. mātrēs Rōmānae stolās gerunt.[3] multae mātrēs Rōmānae stolīs fruuntur. Līviae, autem, stolās gerere nōn placet. est māter Rōmāna, cui stolae nōn placent, sed togās gerere valdē placet! cum Drūsilla Sextusque, līberī bonī, absint, Līvia togās induit, gerit, et clam

---

[1] **līberīs absentibus** *since the children are away*
[2] **Līviā volente** *with Livia wanting*
[3] **gerunt** *wear*

dēclāmitat. togās gerit, quia senātōrēs togās gerunt. Līvia, togam gerēns, in Cūriā dēclāmitāre velit. senātor esse velit. togā et statuā sub lectō positīs,[4] Līvia est laeta quia sēcrētum est tūtum. subrīdens, māter laeta ad cubiculum Sextī it ut fīlium videat. Līvia Sextum in cubiculō tunicam gerere videt. Sextus, autem, togam nōn gerit. Līvia videt fīlium sculpere![5]

Līvia: "Quid agis, Sexte, mī fīlī?!"

Sextus subrīdet.

Sextus: "sculpō. sum Sextus Sculptor!"

Līvia: "bene, sed puer Rōmānus bonus patriam dēfendere[6] dēbet. Rōmānī bonī sunt mīlitēs. sculptōrēs Rōmam nōn dēfendunt."

Sextus: "sed...sed...sed puer bonus sum! mīlitēs mihi nōn placent, māter! sculptūrīs fruor. sculpere volō. scullllllpere volōōōō!"

Līvia: "sculptūrae mihi placent quoque, Sexte, sed puer Rōmānus es. mī fīlī, togam gerere et mīles esse dēbēs ut patriam dēfendās. māter Rōmāna sum. ego stolam gerere dēbeō ut tenera sim."[7]

Līvia rem putat...[8]

---

[4] **sub lectō positīs** *placed under the table*
[5] **videt fīlium sculpere** *sees her son sculpting*
[6] **patriam dēfendere** *to defend the country*
[7] **ut tenera sim** *so I'm delicate*
[8] **rem putat** *considers the matter*

miserum Sextum! Sextō patriam dēfendere nōn placet. patria ā puerīs Rōmānīs bonīs dēfendī dēbet. Gāius, frāter meus, quī mīles bonus erat, patriam dēfendēbat. iam, frāter laetus est. Sextus, autem, tristis est. ego quoque tristis sum. nam, māter Rōmāna sum, et tenera dēbeō esse. ego, autem, tenera nōn sum—sum ēloquens! stolam teneram gerere dēbeō, sed togam gerendō fruor. togam induō quia senātor esse velim, et ēloquenter dēclāmitō, sed frūstrā.[9] *nam, mātrēs Rōmānae senātōrēs esse nōn possunt.*

nōn stolae, sed tunicae sub togīs ā puerīs Rōmānīs geruntur. togae, autem, Sextō nōn placent. Sextus togātus[10] bene sculpere nōn potest. hodiē, Sextus sculpere vult.

Līvia: "Sexte, mī fīlī, velīsne puer bonus esse? frāter meus, Gāius, togam gerit. Gāius, quī bonus mīles erat et patriam dēfendēbat, iam senātor esse velit. velīsne senātor esse, quoque?"

Līvia māter bona est. Sextus senātor esse nōn velit, sed Gāius, quī bonus honestusque est, Sextō placet. Sextus bonus esse, et quoque mātrem esse laetam, velit. Sextus togam iam induit ut māter laeta sit. Līvia laetissima est. subrīdet. subitō, Līvia Agrippīnam venientem videt!

*Frustrated? Reread from page **44***

---

[9] **frūstrā** *frustratingly (i.e. in vain, for no reason)*
[10] **togātus** *wearing a toga*

III
Agrippīna

Agrippīna quoque est māter Rōmāna bona, sed līberī nōn sunt Sextus Drūsillaque. Agrippīna est māter puerōrum, Pīsōnis et Rūfī. Agrippīna probābiliter sēcrētum nōn habet. ēloquens nōn est. tenera māter Rōmāna stolās gerit, et cēnās parat.[1] esse tenerum probābiliter Agrippīnae placet. stolās induendō et cēnās parāndō probābiliter valdē fruitur!

Agrippīna: "Līvia, habēsne urnam? urnam quaerō ut cēna parētur![2] cēnam parāre līberīs meīs, Pīsonī et Rūfō, volō."

Līvia rem putat...
miseram Agrippīnam! ēloquens nōn est. probābiliter eī placet cēnam parāre! tenera māter Rōmāna nōn ēloquenter dēclāmitat quia nōn potest!

Līvia: "urnam nōn habeō, Agrippīna. rapta est![3] urnam tuam habēbam, sed eam nōn habeō hodiē. Cūr urnam quaeris? Ubi est urna tua, iam?"

Agrippīna: "iam, urna mea abest quoque! putō urnam meam raptam esse ā fūre[4] quoque!"

Līvia, rem putāns:

---

[1] **cēnās parat** *prepares dinners*
[2] **ut cēna parētur** *so that dinner shall be prepared*
[3] **rapta est** *was stolen*
[4] **putō raptam esse ā fūre** *I think that it was stolen by a thief*

urna Agrippīnae ā fūre rapta est quoque?! fūr meam urnam rapuit diē Veneris! miserās mātrēs! urnīs nostrīs raptīs ā fūre,[5] tūtae nōn sumus.

Līvia: "sunt fūrēs Rōmae. marītī nostrī nōn Rōmae sunt, sed absunt. marītīs absentibus,[6] tūtae nōn sumus. Quid agāmus?!"[7]

Agrippīna tristis esse vidētur,[8] sed subrīdet.

Agrippīna: "marītīs pugnantibus absentibus...cēnam parāmus."

Līvia: "urnam nōn habeō quia diē Veneris fūr eam rapuit. habeō, autem, cācabum bonum ad cēnam parandam. velīsne habēre cācabum meum ut cēnam parēs?"

Agrippīna: "cēna paranda est mihi.[9] cācabum tuum habēre hodiē valdē velim."[10]

Agrippīna cācabum Līviae sūmit. cācabum ferēns, domō Līviae discēdit.

Agrippīna: "valē!"

Līvia: "fac ut valeās,[11] Agrippīna!"

Frustrated? Reread from page 49

---

[5] **urnīs nostrīs raptīs ā fūre** *with our water-pots stolen by a thief*
[6] **marītīs absentibus** *with husbands away*
[7] **Quid agāmus?!** *What shold we do?!*
[8] **tristis esse vidētur** *seems to be sad*
[9] **paranda est mihi** *for me, must be prepared (i.e. I must prepare)*
[10] **velim** *I would like*
[11] **fac ut valeās** *see to it that you fare well (i.e. take care)*

IV
in culīnā

diē Mārtis, Līvia dēclāmitāre vult. līberīs absentibus, Līvia, stolam in culīnam ferēns, eam sub mēnsā pōnit. statua, quae sub mēnsā est, ā Līviā iam sūmitur, et Līvia prō statuā ēloquenter dēclāmitat et dēclāmitat et dēclāmitat! subitō, Drūsilla domum venit! Drūsilla strepitum ē culīnā audit.

Drūsilla: "Ubi est strepitus? māter, esne in culīnā? Quid agis?"

Līvia: "nihil agō, mea fīlia! laeta sum quia iam es domī. cēna iam parātur. velīsne cēnam habēre?"

Līvia māter bona est. statuam clam pōnit sub mēnsā, stolam sūmit et induit, et cēnam parat. sēcrētum tūtum est. ā culīnā discēdit, et ad Drūsillam it.

Drūsilla: "Ubi est stola mea, māter?"

Līvia: "hmm. putō stolam vīsam esse[1] in cubiculō. quaere stolam in cubiculō tuō!"

stola in cubiculō Drūsillae est. Drūsilla stolam iam induit. stolīs Drūsilla fruitur!

Drūsilla: "Ubi est frāter, Sextus?"

---

[1] **putō stolam vīsam esse** *I think that the dress was seen*

Līvia: "Sextus cum Pīsōne īvit ad Forum rōmānum ut sculptūrās vidēret."[2]

subitō, Sextus domum venit! in triclīniō statuam quaerit. Sextō statuae valdē placent!

Sextus: "Ubi est statua nostra, māter? statuam nostram vidēre volō! statuam vidēēēēre volōōōō!"

Līvia fīlium audit. stolam—nōn togam—iam gerit. Līviā stolam gerente,[3] sēcrētum tūtum est. Līvia ad Sextum it.

Drūsilla: "statuam quaeris frūstrā, Sexte fūfe![4] statua abest."

Līvia fīliam audit.

Līvia: "Drūsilla! es bona![5] Sextus, statuam in culīnā vīdī."

Sextus laetus nōn est, sed mātrem audit. ā triclīniō discēdit, et in culīnam it. statuam sub mēnsā vidēre potest. statuam sūmit, et in triclīnium fert. puer vult sculpere, sed quoque vult mātrem esse laetam. Sextus prō statuā dēclāmitat ut māter laeta sit.

Līvia rem putat...
laetum fīlium! Sextus dēclāmitāre potest quia puer

---

[2] **ut sculptūrās vidēret** *in order to see sculptures*
[3] **Līviā stolam gerente** *with Livia wearing a dress*
[4] **fūfe** *Drusilla's name for Sextus, from* fūfus *(= gross!)*
[5] **es bona!** *Be good!*

est. est laetus. ego, autem, sum tristis. ego et togam gerere et dēclāmitāre possum, sed dēclāmitō frūstrā. nam, togae ā mātribus Rōmānīs nōn geruntur. mātrēs Rōmānae videntur esse tenerae.[6] mātrēs Rōmānae tenerae nōn dēclāmitant ēloquenter. ego, autem, tenera nōn sum—sum ēloquens! dēclāmitāre ēloquenter possum!

*Frustrated? Reread from page **53***

---

[6] **videntur esse tenerae** *seem to be delicate*

V
statua et toga

diē Mercuriī, Agrippīna domum Līviae venit, cācabum
Līviae ferēns.

Agrippīna: "Līvia, cēnam parāvī cācabō tuō.[1]
cācabum tuum habeō. erat bonus ad cēnam
parandam! velīsne cācabum tuum?"

Līvia subrīdet.

Līvia: "bene, Agrippīna, pōne cācabum meum sub
mēnsā!"

Agrippīna cācabum ad mēnsam fert. cācabus sub
mēnsā ab Agrippīnā pōnitur. subitō, Agrippīna
statuam...et togam, quae sub mēnsā sunt, iam videt!
Agrippīna togam sūmit.

Agrippīna: "Quid est, Līvia?!"

*Līvia māter honesta est, sed sēcrētum tūtum esse
vult.*

Līvia: "uhh...sunt toga...toga et statua... uhh sunt
frātris meī, Gāiī. habēsne...statuās ...in domō tuō?"

---

[1] **parāvī cēnam cācabō tuō** *I prepared dinner with your cooking-pot*

Agrippīna: "statuās habēmus, sānē,[2] sed cūr statuam...et togam...Gāiī habēs?"

Līvia: "uhh...Gāius prō statuā dēclāmitat quia senātor bonus esse velit. mātrēs bonae prō statuīs dēclāmitant quia ēloquentēs esse velint."

Līvia honestissima est! Agrippīna Līviam audit. sēcrētum tūtum nōn est!

Agrippīna: "mātrēs—Quid?!"

Līvia, rem putāns:
miseram Līviam! honesta sum! audīvitne Agrippīna? estne sēcrētum meum tūtum?

Līvia: "uhh...SENĀTŌRĒS...senātōrēs bonī, togās gerentēs,...prō statuīs dēclāmitant, sānē, quia ēloquentēs esse velint."

Agrippīna iam subrīdet.

Līvia, rem putāns:
Cūr Agrippīna subrīdet? probābiliter Agrippīna sēcrētum meum nōn audīvit...

subitō, Sextus in culīnam venit, et sub mēnsā statuam quaerit!

Līvia: "uhh...Agrippīna, ad triclīnium eāmus![3]"

---

[2] **sānē** *clearly*
[3] **eāmus!** *Let's go!*

mātrēs ad triclīnium eunt. subitō, Sextus dēclāmitāns ē culīnā audīrī potest! Līvia, quae iam laeta est, subrīdet. ā triclīniō discēdit, et in culīnam, et ad Sextum it.

Līvia: "Sexte, ēloquenter dēclāmitās! bonus senātor, quī ēloquenter dēclāmitat, esse potes. togam, autem, nōn geris. senātōrēs togīs fruuntur! velīsne quoque togam gerere?"

Sextus vidētur esse tristis. dēclāmitat ut māter laeta sit, sed senātor esse nōn velit. sculptor velit esse. ā culīnā discēdit, et ad cubiculum it, tristē. Līvia, autem, in triclīnium, et ad Agrippīnam it.

Agrippīna: "Quid vult Sextus?"

Līvia: "Sextus sculptor esse velit."

Agrippīna: "sculptor? bonus Rōmānus, autem, quī patriam dēfendit, mīles esse dēbet! bonus Rōmānus quoque senātor esse dēbet. sculptōrēs neque Rōmam dēfendunt neque senātōrēs sunt!"

Agrippīna vidētur esse tristis.

Līvia: "frāter, quī Rōmam dēfendēbat, iam senātor esse velit. ego quoque vel..."

sed Līvia sēcrētum habet! honestissima est! audīvitne Agrippīna?

Agrippīna: "Quid?! Quid velīs, Līvia?"

Līvia: "uhh...nihil, Agrippīna, nihil. ego quoque velim Sextum esse senātōrem bonum."

Agrippīna: "bene. fac ut valeās, Līvia!"

Līvia: "valē!"

sēcrētum Līviae ab Agrippīnā nōn bene audītum est. sēcrētum est tūtum!

Frustrated? Reread from page **57**

VI
Sexte?!, Drūsilla?!

diē Sāturnī, Līvia dēclāmitāre vult, māne. līberīs absentibus, Līvia stolam sub lectō pōnit, togam sūmit et induit, et statuam in triclīniō pōnit ut ēloquenter dēclāmitet iterum! subitō, Līvia strepitum audit!

Līvia: "Sexte?! Drūsilla?! Quid agitis, līberī? estisne in culīnā?"

līberī, autem, domī nōn sunt. līberī absunt. Līvia strepitum ē culīnā esse putat. ad culīnam it, sed clam it, togam gerēns statuamque ferēns. nox est. Līvia, quae nōn bene videt nocte, iam nihil videt. subitō, Līvia fūrem videt! miseram Līviam! fūr, quī est in domō Līviae, cācabum Līviae habet! Līvia iam videt fūrem statuam quoque habēre.

Līvia: "Quid agis...fūr? pō...pōne cācabum et statuam in mēnsā! do...do...domō ī! discēde!"

fūr subrīdet.

fūr: "māter Rōmāna es. Quid agēs?"

Līvia in fūrem pugnāre vult, sed nōn potest! Līvia domō discēdere vult! subitō, Drūsilla et Sextus domum veniunt, strepitum audientēs!

Drūsilla: "Sexte, audīsne strepitum?"

Sextus: "audiō. Ubi est māter? māter, māter, esne domī? strepitus est!"

Līvia fīlium audit. honestē loquī vult, sed quoque līberōs tūtōs esse vult.

Līvia: "uhh...sum domī, Sexte! in culīnā cēnam parō. est strepitus quia...quia...quia cācabum quaerō. cācabus sub mēnsā nōn est."

dum Līvia cum Sextō loquitur, fūr cācabum, statuam, et stolam rapuit! iam, fūr domō clam discēdit, Līviā nihil vidente.

Sextus: "bene, māter. Drūsilla iam domī est. ego, autem, ad Forum Rōmānum īre volō. fac ut valeās!"

Līvia: "Sexte, venī! nox est. puer es. īre ad Forum nocte tūtum nōn est. velīsne cēnam habēre?"

Sextus: "bene, māter. ad Forum ībō diē, nōn nocte. cēnam valdē velim!"

Līvia bona māter est. fūr vidētur abesse. fūre absente, Līvia laeta est. līberī, autem, domī iam sunt. Līvia cēnam parāre līberīs dēbet. togam clam pōnit sub mēnsā ut stolam induat.

miseram mātrem Līviam! cācabus et statua sub mēnsā nōn sunt! stola rapta est quoque! sēcrētum Līviae tūtum nōn erit!

Frustrated? Reread from page **61**

VII
fūrem quaerēns

Līvia: "Ubi stola sit?! stolam, quae ā fūre rapta est, nōn habeō! fūr stolam iam habet. togam habeō, sed eam gerere nōn possum. nam, mātrēs Rōmānae stolās gerere dēbent ut tenerae esse videantur. stola mihi habenda est![1]"

Sextus mātrem loquentem audit.

Sextus: "Quid agis, māter? parāsne cēnam?"

Līvia: "cēnam parō, sed cācabum nōn habeō. cācabus...cācabus...cācabus abest. Agrippīna cācabōs habet. domum Agrippīnae īre volō ut ab Agrippīnā cācabum quaeram ad cēnam parandam."

Sextus: "sed Agrippīna cācabum sūmpsit diē Mārtis. hodiē diēs Sāturnī est! sānē, Agrippīna cācabum nōn habet."

sēcrētum tūtum nōn est!

Līvia: "uhh...cācabus noster ab Agrippīnā sūmptus est et diē Mārtis et diē Iovis."

Sextus ad cubiculum it. putat mātrem īre domum Agrippīnae ut cācabum quaerat.[2] Agrippīna, autem,

---

[1] **mihi habenda est** *to me it must be had (i.e. I must have)*
[2] **ut cācabum quaerat** *in order to search for a cooking-pot*

cācabum nōn habet, et Līvia fūrem, quī cācabum, statuam, et stolam fert, quaerit. Līvia domō clam discēdit ad stolam ā fūre sūmendam.[3] nox est. multae mātrēs Rōmānae diē cēnam parant, sed Līvia cēnam nocte parat. Līvia laeta est quia togam gerēns, ab Rōmānīs nōn vidēbitur nocte. sēcrētum Līviae tūtum erit. Līvia fūrem quaerit, sed clam quaerit. nam, māter Rōmāna, togam gerēns, ē domō nocte nōn dēbet esse! subitō, Līvia Agrippīnam videt! Līvia Agrippīnam nōn ē domō, sed domī, parantem cēnam in culīnā, videt. Agrippīna, autem, nōn bene vidēns nocte, Līviam vidēre nōn potest. Līvia laeta fūrem quaerit et quaerit et quaerit. fūr, autem, nōn vidētur. abest. cācabus, statua et stola Līviae absunt quoque, ā fūre raptī sunt!

Līvia, rem putāns:
stolam habēre dēbeō. stolam quaerō, sed fūr abest.
stolam nōn habeō. sēcrētum, autem, habeō. sēcrētum
nōn est tūtum! Quid agam?![4]

subitō, Līvia laeta est! subrīdet!

Līvia, rem putāns:
sānē, Agrippīna stolās multās habet! stolam ab
Agrippīnā rapere possum!

Līvia clam discēdit ad domum Agrippīnae ut stolam rapiat.[5] stolam rapere vult, sed Līvia nihil videt! Agrippīna stolās nōn habet!

---

[3] **ad stolam ā fūre sūmendam** *to get the dress from the thief*
[4] **Quid agam?!** *What should I do?!*
[5] **ut stolam rapiat** *in order to steal a dress*

Līvia, rem putāns:
Cūr Agrippīna, māter Rōmāna tenera, stolās nōn habet? stolae Agrippīnae ā fūre probābiliter raptae sunt quoque...

subitō, Līvia frātrem, Gāium videt!

   Līvia: "frāter!"

   Gāius: "Līvia, in fūrem iam pugnāvī. vīdī fūrem īre ad Cūriam—ferentem statuam, stolam, et cācabum. in fūrem pugnāvī...iam, habeō stolam. estne stola tua? Cūr togam geris?!"

   Līvia: "est stola mea! togam gerō quia...quia... quia stola mea ā fūre rapta est, sānē! domō discessī ut fūrem quaereret."[6]

   Gāius: "fūrem quaerēbās?! Līvia, id tūtum nōn erat! tenera māter Rōmāna es. laetus sum quia tūta es. fūr cācabum, statuam et stolam rapuit! iam, habē cācabum, statuam, et stolam tuam!"

Līvia, laeta, iam habet stolam iterum. sēcrētum iam est tūtum iterum.

   Līvia: "dēbeō domum īre ut cēnam parem. Drūsillae et Sextō cēna habenda est."

laeta, Līvia domum it.

Frustrated? Reread from page 64

---

[6] **ut fūrem quaereret** *in order to search for the thief*

VIII
puer bonus

est diēs Mārtis, māne. hodiē, Līvia iterum dēclāmitāre vult, sed Sextus domī est. māter in culīnā est, fīlius in cubiculō.

Līvia: "dēclāmitāre volō. frāter, Gāius, in Forō Rōmānō iam dēclāmitat."

Gāius senātor velit esse. in Senātū Rōmānō dēclāmitāre velit. iam, in Forō Rōmānō, sed nōn in Cūriā, dēclāmitat. Līvia, autem, domī est, in culīnā cēnam parāns. nam, mātrēs Rōmānae senātōrēs esse nōn possunt.

Līvia: "cum Gāiō in Senātū Rōmānō, in Cūriā, dēclāmitāre velim."

Sextus mātrem audit, et in culīnam iam venit, togam gerēns.

Sextus: "māter, māter, senātor esse velim! senātor esse velim! senātor essssse velimmmmm!"

Līvia: "Sexte, esse sculptor nōn velīs?!"

Sextus: "possum et sculpere et dēclāmitāre. iam, et senātor et sculptor velim esse."

Līvia: "puer bonus et honestus es! vīs esse et senātor et sculptor—ego et pater laetī sumus!"

Līvia subrīdet. subitō, Līvia Drūsillam et Pīsōnem in triclīniō videt! Līvia iam nōn subrīdet.

Līvia rem putat...
miserum Pīsōnem! bonō Rōmānō patria dēfenda est.
Pīsō, autem, patriam dēfendere nōn velit. frāter
Pīsōnis, Rūfus, autem, patriam dēfendere, et mīles
esse velit. laetus est. Pīsō et ego tristēs sumus. dēbeō
tenera esse quia māter Rōmāna sum. ego, autem,
sum ēloquens, nōn tenera! dēclāmitāre ēloquenter
volō! Rōmānī putant mātrēs tenerās esse. ego, autem,
clam ēloquenterque dēclāmitō. dēclāmitō quia senātor
esse velim, sed frūstrā. nam, mātrēs Rōmānae
senātōrēs esse nōn possunt. tristis sum.

sānē, Pīsō tristis vidētur esse. subitō, Pīsō domō Līviae discēdit! Līvia, autem, bona Rōmāna, ad Pīsōnem it ut puer laetus sit. Līvia cum Pīsōne ēloquenter loquitur. Pīsō iam laetus est.

*Frustrated? Reread from page **69***

IX
pater abest

diē Iovis, Līvia et Sextus domī sunt. subitō, Drūsilla domum venit, et in triclīnium it!

Drūsilla: "māter, māter! mīlitēs Rōmānī Rōmam iam vēnērunt! pater noster Rōmae est!

Iūlius iam Rōmae est. Līvia et Sextus et Drūsilla laetī sunt quia Iūlius iam est Rōmae!

Drūsilla: "pater noster est Rōmae, sed Tiberius, pater Pīsōnis et Rūfī, abest! Ubi est pater Pīsōnis et Rūfī?"

Līvia nōn est laeta. rem putat...
Tiberius, marītus Agrippīnae, nōn est Rōmae cum mīlitibus?! Ubi sit?![1] miseram Agrippīnam! miserōs puerōs! Pīsō tristis erit. Rūfus erit tristior.

Līvia Agrippīnam vidēre marītum velit, sed Tiberius abest, probābiliter in Britanniā. Tiberius probābiliter tūtus nōn est. Līvia, māter bona, ēloquenter cum Agrippīnā loquī potest. subitō, Līvia Agrippīnam venientem videt!

Frustrated? Reread from page 72

---

[1] **Ubi sit?!** *Where could he be?!*

X
frāter Līvia

Agrippīna: "Līvia, Līvia, laeta sum! mīlitēs Rōmānī sunt Rōmae! esne laeta, Līvia? Iūlium et Tiberium vidēre volō. estne Iūlius domī?"

miseram Agrippīnam! Agrippīna putat Tiberium Rōmae esse.[1] Tiberius, autem, abest. Līvia cum Agrippīnā ēloquenter iam loquitur.

Līvia: "Agrippīna, laeta nōn sum. sum tristis. marītus meus est Rōmae. marītus, autem, tuus Tiberius, cum mīlitibus Rōmae nōn est. abest, sed probābiliter in Britanniā est."

subitō, Pīsō domum venit!

Pīsō: "māter, māter! mīlitēs sunt Rōmae, sed pater abest! cum mīlitibus nōn est!"

Agrippīna nōn subrīdet. Līvia ēloquenter loquitur iterum.

Līvia: "nihil est, Agrippīna. marītus tuus mīles bonus est. iter[2] longum est ā Britanniā."

Agrippīna tristē subrīdet.

---

[1] **putat Tiberium esse** *thinks that Tiberius is*
[2] **iter** *journey*

Agrippīna: "iter longum est."

Līvia: "frāter, Gāius, iter facit.[3] iter, autem, longum nōn est. Gāius ad Graeciam ībit diē Sāturnī. iter ad Graeciam bonum est. iter ā Britanniā est longius! Tiberius Rōmae erit."

subitō, Agrippīna subrīdet!

Agrippīna: "Līvia, Gāium vidēre volō. estne frāter tuus domī?"

Līvia: "est!"

Līvia et Agrippīna domum Līviae eunt ut Gāium videant.[4]

*Frustrated? Reread from page **74***

---

[3] **iter facit** *is going on a journey*
[4] **ut Gāium videant** *in order to see Gaius*

XI
sēcrēta mātrum

Agrippīna et Gāius iam sunt in triclīniō Līviae. Līvia, autem, in culīnā est, cēnam parāns.

Agrippīna: "Gāi, diē Sāturnī, ad Graeciam ībis, sed cūr ad Graeciam ībis?"

Gāius: "ad Graeciam ībō quia senātor esse velim. ēloquenter dēclāmitāre dēbeō."

Agrippīna: "volō Rūfum ad Graeciam īre quoque. volō Rūfum īre ad lūdum, sed iter tūtum nōn est. Rūfus cum mīlite īre dēbet. potestne Rūfus tēcum[1] īre? est sēcrētum."

Gāius: "mīles eram, et patriam dēfendēbam. iam senātor esse velim, sed nihil est. Rūfus mēcum[2] īre potest. mēcum tūtus erit. sēcrētum tuum erit tūtum quoque."

laeta, Agrippīna domō Līviae discēdit. Līvia iam in triclīnium it.

Līvia: "Cūr cum Agrippīnā locūtus es?"[3]

Gāius honestus est, sed Agrippīna voluit sēcrētum tūtum esse.

---

[1] **tēcum** *with you*
[2] **mēcum** *with me*
[3] **locūta est** *spoke*

Gāius: "Agrippīna velit Rūf...uhhh...Agrippīna velit Rūfum senātōrem esse. quoque senātor velim esse."

Gāius iam domō discēdit. līberīs absentibus, toga ā Līviā in culīnā clam sūmitur et induitur. togam gerēns, Līvia parāta est ad prō statuā dēclāmitandum. subitō, Sextus domum venit, sed māter fīlium nōn audit! Sextus in culīnam it!

Sextus: "māter! Cūr...togam...geris?!"

Līvia: "Sexte, uhh...uhh!"

Līvia videt Sextum, quī subrīdet, esse laetum. Līvia honestē loquī vult.

Līvia: "Sexte, sum māter tua Rōmāna, sed...sēcrētum habeō. dēclāmitō. togam induō, et prō statuā ēloquenter dēclāmitō, quia senātor esse velim. sum ēloquens—nōn tenera!"

sēcrētō mātris Sextus fruitur!

Līvia: "senātor esse velim, sed frūstrā. nam, mātrēs Rōmānae senātōrēs esse nōn possunt."

Sextus, quī vidētur esse tristis, mātrem esse laetam vult.

Sextus: "senātor possum esse quia puer sum, sed nōn sum ēloquens. es ēloquens, sed senātor nōn potes esse. est triste."

Līvia māter bona est.

Līvia: "est triste. sed, bona māter Rōmāna sum. velīs esse sculptor. potes esse sculptor, Sexte! neque patriam dēfendere, neque mīles esse. potes, sed nōn dēbēs. laeta erō quia laetus es."

Sextus iam subrīdet.

Līvia: "iam, vīsne cēnam? eāmus!"

Frustrated? Reread from page 76

XII
valē!

Gāius, dēclāmitāre volēns, ad Graeciam ībit. parātus
est. iam, domum Līviae venit.

Gāius: "Līvia, Sexte, et Drūsilla, longum iter faciō.
dum longum iter faciō, Rōmae eritis."

Sextus: "Quid?! Cūr longum iter facis? longum
iter facere quoque volō! īre volō! īīīīre volōōōō!"

Līvia: "Sexte, īre nōn potes. nam, parvus puer es,
et longum iter tūtum nōn est puerō parvō. Rōmae
esse dēbēs. Rōma est bona, mī fīlī!"

Drūsilla: "ego quoque ad Graeciam īre volō!"

Līvia: "Drūsilla, nōn potes. līberī, Rōmae esse
dēbitis."

Sextus et Drūsillae iter facere valdē volunt, sed iter
longum est līberīs parvīs. īre non possunt.

Drūsilla: "Gāi, quid agēs in Graeciā?"

Gāius: "ad Graeciam ībō ad dēclāmitandum in
lūdō. senātor esse velim. iam, discendum est mihi."

*Frustrated? Reread from page **80***

Drūsilla: "lūdus Graecus dēclāmitandī?[4] bene!"
Gāius parātus est ad iter faciendum.

Līvia: "fac ut valeās, Gāi!"

Drūsilla et Sextus: "valē!"

Gāius laetus est.

Gāius: "valēte!"

iam, Gāius domum Agrippīnae it, sed clam it. nam, sēcrētum est Rūfum īre ad Graeciam cum Gāiō.

eritne iter ad Graeciam bonum?

eritne Rūfus...tūtus?

---

[4] **lūdus dēclāmitandī** *school for declaiming*

Index Verbōrum

A

ā/ab *away, from, by*
abesse *to be away, gone*
    videt fūrem abesse *sees that the thief is gone*
    vidētur abesse *seems to be gone*
  abest *is away*
    urna mea abest *my water-pot is gone*
    statua abest *the statue is gone*
    fūr abest *the thief is gone*
  absente *away*
    fūre absente *with the thief gone*
  absentibus *away (more than one)*
    līberīs absentibus *since the children are away*
    marītīs absentibus nostrīs *with our husbands away*
  absint *(more than one) could be away*
    cum absint *whenever they are away*
  absunt *(more than one) are away*
    marītī nostrī absunt *our husbands are away*
    līberī absunt *children are away*
ad *towards*
agam *I could do*
    Quid agam?! *What should I do?!*
  agāmus *we could do*
    Quid agāmus?! *What should we do?!*
  agēs *you will do*
    Quid agēs? *What will you do?*
  agis *you do*
    Quid agis? *What are you doing?*
  agitis *you all do*
    Quid agitis, līberī? *What are you doing, children?*
  agō *I do*
    nihil agō *I'm not doing anything*
Agrippīna *Agrippina, Livia's neighbor and friend*
  Agrippīnā *Agrippina*
    ab Agrippīnā *by Agrippina*
    ab Agrippīnā *from Agrippina*
    cum Agrippīnā *with Agrippina*
  Agrippīnae *Agrippina*
    Agrippīnae placet *Agrippina likes*
    urnam Agrippīnae *Agrippina's water-pot*
    marītus Agrippīnae *Agrippina's husband*
    domum Agrippīnae *Agrippina's house*
  Agrippīnam *Agrippina*
    Agrippīnam videt *sees Agrippina*
audientēs *(more than one) hearing*
    strepitum audientēs *hearing a noise*
  audiō *I hear*
    audiō *I hear it*
  audīrī *to be heard*
    audīrī potest *is able to be heard*
  audīsne? *Do you hear?*
    audīsne clāmōrem? *Do you hear a clamor?*
    audīsne strepitum? *Do you hear a noise?*
  audit *hears*

clāmōrem audit *hears a clamor*
strepitum audit *hears a noise*
Sextum audit *hears Sextus*
Drūsillam audit *hears Drusilla*
mātrem audit *hears mother*
fīlium audit *hears her son*
fīliam audit *hears her daughter*
audītum est *was heard*
nōn bene audītum est *wasn't heard well*
audiunt *(more than one) hear*
audiunt Sextum dēclāmitāre *hear Sextus declaiming*
audiunt clāmōrem *hear a clamor*
audīvit *heard*
probābiliter nōn audīvit *she probably didn't hear*
audīvitne? *Heard?*
audīvitne Agrippīna? *Did Agrippina hear?*
autem *however*

B, C
bene *good, well, "OK"*
bona *good*
māter bona et honesta *a good and honest mother*
bonae *good (more than one)*
mātrēs bonae *good mothers*
bonī *good (more than one)*
bonī Rōmānī *good Romans*
līberī bonī *good children*
bonīs *good (more than one)*
ā Rōmānīs bonīs *by good Romans*
bonō *good*
bonō Rōmānō *good Roman*
bonum *good*
cācabum bonum *good cooking-pot*
senātōrem bonum *good senator*
iter bonum *good journey*
bonus *good*
puer bonus *good boy*
mīles bonus *good soldier*
bonus senātor *good senator*
Britanniā *Britain*
in Britanniā *in Britain*
ā Britanniā *from Britain*
cācabō *cooking-pot*
cum cācabō *with the cooking-pot*
parāvī cēnam cācabō *I prepared dinner with the cooking-pot*
cācabōs *cooking-pots*
habet cācabōs *has cooking-pots*
cācabum *cooking-pot*
habēre cācabum *to have a cooking-pot*
volō cācabum *I want the cooking-pot*
cācabum sūmit *picks up the cooking-pot*
cācabum ferēns *carrying the cooking-pot*
nōn videō cācabum *I don't see a cooking-pot*
rapit cācabum *steals the cooking-pot*
ad cācabum quaerendum *to look for the cooking-pot*
cācabus *cooking-pot*
cēna *dinner*

cēnam *dinner*
    vīsne cēnam? *Do you want dinner?*
    velīsne cēnam? *Would you like dinner?*
    cēnam parāre *to prepare dinner*
cēnās *dinners*
    cēnās parāre *to prepare dinners*
Circō Maximō *Circus Maximus, chariot-racing stadium*
    in Circō Maximō *in the Circus Maximus*
clam *secretly*
clāmor *clamor, shouting*
  clāmōrem *clamor, shouting*
    clāmōrem audit *hears a clamor*
    putat clāmōrem esse *thinks that the clamor is*
clārē *clearly*
cubiculō *bedroom, room*
    in cubiculō *in the room*
  cubiculum *bedroom, room*
cui *to whom (i.e. who)*
    puer, cui placent *a boy, who likes*
    māter, cui nōn placent *a mother, who doesn't like*
culīnā *kitchen*
    in culīnā *in the kitchen*
    ē culīnā *out from the kitchen*
    ā culīnā discēdit *leaves the kitchen*
  culīnam *kitchen*
    it in culīnam *goes into the kitchen*
cum *whenever, with*
Cūr? *Why?*
Cūriā *meeting place of the Senate*
    in Cūriā *in the Curia*

D

dēbent *(more than one) should*
    mātrēs nōn dēbent *mothers shouldn't*
  dēbeō *I should*
    gerere dēbeō *I should wear*
    dēbeō esse *I ought to be*
    cēnam parāre dēbeō *I should prepare dinner*
    dēbeō induere *I ought to put on*
    dēbeō domum īre *I ought to go home*
  dēbēs *you should*
    dēbēs gerere *you should wear*
    dēbēs dēfendere *you should defend*
    esse dēbēs *you should be*
  dēbet *should*
    dēfendere dēbet *ought to defend*
    esse dēbet *should be*
    dēfendī dēbet *should be defended*
    īre dēbet tēcum *ought to go with you*
  dēbitis *you all should*
    esse dēbitis *you all ought to be*
dēclāmitandī *declaiming, practicing declaiming (i.e. speaking to an audience)*
    lūdus dēclāmitandī *school for declaiming*
  dēclāmitandō *declaiming*
    dēclāmitandō fruitur *likes declaiming*
  dēclāmitandum *for declaiming*
    parāta ad dēclāmitandum *prepared for declaiming*
  dēclāmitāns *declaiming*

Sextus dēclāmitāns *Sextus, declaiming*
dēclāmitant *(more than one) declaim*
    mātrēs nōn dēclāmitant *mothers don't declaim*
    senātōrēs dēclāmitant *senators declaim*
dēclāmitāre *to declaim*
    dēlcāmitāre nōn dēbent *shouldn't declaim*
    placet dēclāmitāre *likes to declaim*
    dēclāmitāre velle *to want to declaim*
    nōn potest dēclāmitāre *isn't able to declaim*
    audiunt Sextum dēclāmitāre *hear Sextus declaiming*
dēclāmitās *you declaim*
    ēloquenter dēclāmitās *you declaim eloquently*
dēclāmitat *declaims*
    clam domī dēclāmitat *secretly declaims at home*
dēclāmitet *could declaim*
    ut dēclāmitet *in order to declaim*
dēclāmitō *I declaim*
    ēloquenter dēclāmitō *I elouently declaim*
    dēlclāmitō frūstrā *I declaim in vain*
dēfenda est *must be defended*
    patria dēfenda est *the country must be defended*
dēfendās *you could defend*
    ut patriam dēfendās *in order to defend the country*
dēfendēbam *I used to defend*
    patriam dēfendēbam *I used to defend the country*
dēfendēbat *used to defend*
    Rōmam dēfendēbat *used to defend Rome*
    patriam dēfendēbat *used to defend the country*
dēfendere *to defend*
    dēfendere Rōmam *to defend Rome*
dēfendēs *you will defend*
    dēfendēs Rōmam *you will defend Rome*
dēfendī *to be defended*
    dēfendī dēbet *should be defended*
dēfendit *defends*
    Rōmānus, quī patriam dēfendit *a Roman, who defends the country*
dēfendunt *(more than one) defends*
    dēfendunt Rōmam *defend Rome*
diē *on the day, during the day*
    ībō diē *I'll go during the day*
diēs Iovis *day of Jove/Jupiter (i.e. Thursday)*
diēs Mātris *day of Mars (i.e. Tuesday)*
diēs Sāturnī *day of Saturn (i.e. Saturday)*
diēs Veneris *day of Venus (i.e. Friday)*
discendum est *must leave*
    discendum est mihi *for me there must be leaving (i.e. I must leave)*
discēde! *Leave!*
discēdere *to leave*
    discēdere vult *wants to leave*
discēdit *leaves*
    domō discēdit *leaves the house*
    ā culīnā discēdit *leaves the kitchen*
    ā triclīniō discēdit *leaves the dining room*
discessī *I left*
    domī discessī *I left home*
domī *at home*
    domō *from the house, the house*

domō īre *to go away from the house*
domō discēdere *to leave the house*
in domō tuō *in your house*
ē domō nocte *out of the house at night*
domum *to home*
domum īre *to go home*
domum venit *comes home*
Drūsilla *Drusilla, Livia's daughter*
Drūsillae *Drusilla*
māter et pater Drūsillae *mother and father of Drusilla*
Drūsillae habenda est *must be had for Drusilla (i.e. Drusilla must have)*
Drūsillaeque *and Drusilla*
Drūsillam *Drusilla*
Drūsillam audit *hears Drusilla*
videt Drūsillam *sees Drusilla*
dum *while*

E, F

ē/ex *out of, from*
eam *her, it*
eāmus! *Let's go!*
ego *I*
eī *to him, her*
eī placet *she likes*
ēloquens *eloquent, well-spoken*
māter ēloquens *eloquent mother*
ēloquente *eloquent*
ā mātre ēloquente *by the eloquent mother*
ēloquenter *eloquently*
ēloquenter dēclāmitat *eloquently declaims*
ēloquenterque *and eloquently*
ēloquentēs *eloquent (more than one)*
volunt esse ēloquentēs *want to be eloquent*
eō *I'm going*
eō domum Agrippīnae *I'm going to Agrippina's house*
eram *I was*
erat *was*
eris *you will be*
erit *will be*
eritis *you all will be*
eritne? *Will be?*
erō *I will be*
es *you are, Be!*
esne? *Are you?*
esse *to be*
est *is*
estisne? *Are you all?*
estne? *Is?*
et *and, both...and...*
eunt *(more than one) go*
eunt ad *go towards*
eunt domum *go home*
fac! *Do! Make!*
fac ut valeās *see to it that you fare well (i.e. take care)*
facere *to do*
iter facere *to go on a journey*
faciendum *for doing*

ad iter faciendum *in order to go on a journey*
faciō *I do*
   iter faciō *I'm going on a journey*
facis *you do*
   iter facis *you're going on a journey*
facit *does*
   iter facit *is going on a journey*
ferēns *carrying*
   cācabum ferēns *carrying the cooking-pot*
   stolam ferēns *carrying the dress*
fert *carries*
   in triclīnium fert *carries into the dining room*
   ad mēnsam fert *carries to the table*
fīlī *son*
   nihil, mī fīlī *nothing, my son*
fīlia *daughter*
fīliam *daughter*
   fīliam audit *hears her daughter*
fīlium *son*
   ut fīlium videat *in order to see her son*
   videt fīlium sculpere *sees her son sculpting*
   fīlium audit *hears her son*
fīlius *son*
Forō Rōmānō *Forum, Rome's marketplace*
   in Forō Rōmānō *in the Forum*
Forum Rōmānum *Forum*
frāter *brother*
frātrem *brother*
   frātrem videt *sees brother*
frātris *of the brother*
   sunt frātris meī *they're my brother's*
fruitur *derives enjoyment from (i.e. likes)*
   dēclāmitandō fruitur *likes declaiming*
   sculptūrīs fruitur *likes sculptures*
   stolās induendō fruitur *likes putting on dresses*
   cēnās parandō fruitur *likes preparing dinners*
   sēcrētō fruitur *likes the secret*
fruor *I like*
   sculptūrīs fruor *I like sculptures*
   togam gerendō fruor *I like wearing a toga*
fruuntur *(more than one) like*
   stolīs fruuntur *like stolas*
   togīs fruuntur *like togas*
frūstrā *frustratingly (i.e. in vain)*
fūfe *name for Sextus, from* fūfus (= *gross!*)
fūr *thief*
fūre *thief*
   ā fūre *by the thief*
fūrem *thief*
   putō fūrem rapuisse *I think that the thief stole*
   videt fūrem abesse *sees that the thief is gone*
   fūrem quaerere *to look for the thief*
   in fūrem pugnāvī *I fought against the thief*
fūrēs *thieves*

G, H

Gāī *"O, Gaius"*
  Gāiī *of Gaius (i.e. Livia's brother's)*
    sunt Gāiī *they're Gaius'*
  Gāiō *Gaius*
    cum Gāiō *with Gaius*
  Gāium *Gaius*
    Gāium vidēre *to see Gaius*
  Gāius *Gaius*
gerendō *wearing*
    togam gerendō fruor *I like wearing a toga*
  gerēns *wearing*
    togam gerēns *wearing a toga*
  gerente *wearing*
    Līviā gerente stolam *with Livia wearing a dress*
  gerentem *wearing*
    Līviam togam gerentem nōn vidēbunt *won't see Livia wearing a dress*
  gerentēs *wearing*
    togās gerentēs *wearing togas*
  gerere *to wear*
    nōn possum gerere *I'm not able to wear*
  geris *you wear*
    togam nōn geris *you're not wearing a toga*
  gerit *wears*
    tunicam gerit *is wearing a tunic*
    nōn gerit togam *isn't wearing a toga*
    stolās gerit *wears dresses*
  gerō *I'm wearing*
    togam gerō *I'm wearing toga*
  gerunt *(more than one) wear*
    gerunt stolās *wear dresses*
    togās gerunt *wear togas*
  geruntur *(more than one) are worn*
    nōn stolae, sed tunicae geruntur *not dresses, but tunics are worn*
    ā mātribus nōn geruntur *aren't worn by mothers*
Graeciā *Greece*
    in Graeciā *in Greece*
  Graeciam *Greece*
    ad Graeciam *to Greece*
Graecus *Greek*
habē! *Have!*
    habē cācabum! *Have the cooking-pot!*
  habēbam *I had*
    habēbam urnam tuam *I had your water-pot*
  habēmus *we have*
    habēmus statuās *we have statues*
  habenda est *must be had*
    mihi habenda est *to me it must be had (i.e. I must have)*
    Drūsillae habenda est *must be had for Drusilla (i.e. Drusilla must have)*
    Sextō habenda est *must be had for Sextus (i.e. Sextus must have)*
  habeō *I have*
    nōn habeō urnam *I don't have a water-pot*
    habeō cācabum *I have a cooking-pot*
    id nōn habeō *I don't have it*
    nōn habeō stolam *I don't have a dress*
    togam habeō *I have a toga*
  habēre *to have*

vīsne habēre? *Do you want to have?*
velīsne habēre? *Would you like to have?*
videt fūrem habēre *sees that the thief has*
habēs *you have*
    habēs statuam et togam *you have a statue and toga*
habēsne? *Do you have?*
    habēsne urnam? *Do you have a water-pot?*
    habēsne statuās? *Do you have statues?*
habet *has*
    sēcrētum habet *has a secret*
    habet cācabōs *has cooking-pots*
    habet statuam *has the statue*
    habet stolās *has dresses*
habuit *had*
    habuit cācabum *had a cooking-pot*
hodiē *today*
honesta *honest*
    māter bona et honesta *a good and honest mother*
    honesta sum *I'm honest!*
honestē *honestly*
    honestē loquī *to speak honestly*
honestissima *really honest*
    Līvia honestissima est *Livia is really honest!*
honestus *honest*
    Gāius honestus *honest Gaius*
honestusque *and honest*

I

ī! *Go!*
    domō ī! *Go away from the house!*
ībis *you will go*
    ībis ad Graeciam *you'll go to Greece*
ībit *will go*
    ībit ad Graeciam *will go to Greece*
ībō *I will go*
    ībō diē *I'll go during the day*
iam *now*
id *it*
in *in, on*
induat *could put on*
    ut stolam induat *in order to put on the dress*
induendō *putting on*
    stolās induendō fruitur *likes putting on dresses*
induere *to put on*
    stolās induere *to put on dresses*
induit *puts on*
    induit togam *puts on a toga*
    stolam induit *puts on a dress*
induitur *is put on*
    ā Līviā induitur *is put on by Livia*
induō *I put on*
    induō togam *I put on a toga*
īre *to go*
    vīsne īre? *Do you want to go?*
    velīsne īre? *Would you like to go?*
    volō Rūfum īre *I want Rufus to go*
it *goes*
    domum it *goes home*

it in *goes into*
it ad *goes towards*
iter *journey*
iterum *again*
Iūlium *Julius, Livia's husband*
    vidēre Iūlium *to see Julius*
  Iūlius *Julius*
īvī *I went*
    domō īvī *I went away from the house*
  īvit *went*
    īvit ad sculptūrās videndās *went to see sculptures*
    ad Cūriam īvit *went to the Curia*

L

laeta *happy*
    laeta sum *I'm happy*
  laetam *happy*
    esse laetam *to be happy*
  laetī *happy (more than one)*
    laetī sumus *we're happy*
  laetissima *really happy*
    Līvia laetissima *Livia, really happy*
  laetum *happy*
    laetum Sextum! *Happy Sextus!*
    laetum fīlium! *Happy son!*
  laetus *happy*
lectō *couch*
    sub lectō *under the couch*
līberī *children*
  līberīs *children*
    līberīs absentibus *since the children are away*
    līberīs meīs *for my children*
    parvīs līberīs *for small children*
  līberōrum *of the children*
    māter līberōrum *mother of children*
  līberōs *children*
    vult līberōs esse *wants children to be*
Līvia *Livia, our eloquent mother*
  Līviā *Livia*
    Līviā volente *with Livia wanting*
    Līviā gerente stolam *with Livia wearing a dress*
    ā Līviā sūmitur *is picked up by Livia*
    Līviā nihil vidente *with Livia seeing nothing*
  Līviae *Livia*
    Līviae placet *Livia likes*
    domō Līviae it *goes away from Livia's house*
    habet cācabum Līviae *has Livia's cooking-pot*
  Līviam *Livia*
    Līviam audit *hears Livia*
    nōn vidēbunt Līviam *won't see Livia*
locūtus es *you spoke*
    Cūr locūtus es? *Why did you speak?*
longius *longer*
    iter longius *longer journey*
  longum *long*
    iter longum *long journey*
loquentem *speaking*
    mātrem loquentem audit *hears the speaking mother*

loquitur *speaks*
  loquitur cum *speaks with*
loquī *to speak*
  potest loquī *able to speak*
lūdō *school*
  in lūdō *in a school*
lūdum *school*
  īre ad lūdum *to go to a school*
lūdus *school*

M

māne *in the morning*
marītī *husband's*
  marītīs *husbands*
    marītīs absentibus nostrīs *with our husbands away*
  marītum *husband*
    vidēre marītum *to see a husband*
  marītus *husband*
māter *mother*
  mātre *mother*
    ā mātre *by the mother*
  mātrem *mother*
    vult mātrem esse *wants mother to be*
    mātrem audit *hears mother*
    putat mātrem īre *thinks that mother is going*
  mātrēs *mothers*
    putant mātrēs esse *think that mothers are*
  mātribus *mothers*
    ā mātribus nōn geruntur *aren't worn by mothers*
  mātris *of mother*
    sēcrētum mātris *mother's secret*
  mātrum *of the mothers*
    sēcrēta mātrum *mothers' secrets*
mea *my*
  urna mea *my water-pot*
  mea fīlia *my daughter*
  stola mea *my dress*
  meam *my*
    urnam et stolam meam *my water-pot and my dress*
  meī *my (more than one)*
    sunt frātris meī *they're my brother's*
  meīs *my (more than one)*
    līberīs meīs *for my children*
  meum *my*
    sēcrētum meum *my secret*
  meus *my*
    frāter meus *my brother*
mēcum *with me*
mēnsā *table*
  sub mēnsā *under the table*
  in mēnsā *on the table*
  mēnsam *table*
    ad mēnsam fert *carries to the table*
mī *my*
  nihil, mī fīlī *nothing, my son*
mihi *to me, for me*
  mihi nōn placent *aren't pleasing to me (i.e. I don't like)*

cēna paranda est mihi *for me, must be prepared (i.e. I must prepare)*
mihi habenda est *to me it must be had (i.e. I must have)*
mīles *soldier*
  mīlite *soldier*
    cum mīlite *with a soldier*
  mīlitēs *soldiers*
  mīlitibus *soldiers*
    cum mīlitibus *with soldiers*
miseram *miserable!, poor!*
    miseram Agrippīnam! *Poor Agrippina!*
    miseram Līviam! *Poor Livia!*
    miseram mātrem! *Poor mother!*
  miserās *poor! (more than one)*
    miserās mātrēs! *Poor mothers!*
  miserōs *poor! (more than one)*
    miserōs puerōs! *Poor boys!*
  miserum *poor!*
    miserum Sextum! *Poor Sextus!*
    miserum Pīsōnem! *Poor Piso!*
multae *many*
    multae mātrēs *many mothers*
  multās *many*
    stolās multās *many dresses*

N, P
nam *for (i.e. because)*
neque *and not, neither, nor*
nihil *nothing*
    nihil agō *I'm not doing anything*
nocte *at night*
    nōn bene videt nocte *doesn't see well at night*
nōn *not, doesn't*
noster *our*
    cācabus noster *our cooking-pot*
    pater noster *our father*
  nostra *our*
    statua nostra *our statue*
  nostram *our*
    statuam nostram *our statue*
  nostrās *our (more than one)*
    urnās nostrās rapiunt *are stealing our water-pots*
  nostrī *our (more than one)*
    marītī nostrī absunt *our husbands are away*
  nostrīs *our (more than one)*
    marītīs absentibus nostrīs *with our husbands away*
    urnīs nostrīs raptīs *with our water-pots stolen*
nox *night*
parāmus *we prepare dinner*
    cēnam parāmus *we prepare dinner*
  paranda est *must be prepared*
    cēna paranda est mihi *for me, must be prepared (i.e. I must prepare)*
  parandam *for preparing*
    ad cēnam parandam *to prepare dinner*
  parandō *preparing*
    cēnās parandō fruitur *likes preparing dinners*
  parāns *preparing*
    cēnam parāns in culīnā *preparing dinner in the kitchen*

parant *(more than one) prepare*
    cēnam parant diē *prepare dinner during the day*
parāre *to prepare*
    cēnās parāre *to prepare dinners*
parāsne? *Are you preparing?*
    parāsne cēnam? *Are you preparing dinner?*
parat *prepares*
    cēnās parat *prepares dinners*
parāta *prepared*
    parāta ad dēclāmitandum *prepared for declaiming*
parātur *is being prepared*
    cēna iam parātur *dinner is now being prepared*
parātus *prepared*
    parātus est *is prepared*
parāvī *I prepared*
    parāvī cēnam cācabō *I prepared dinner with the cooking-pot*
parem *I could prepare*
    ut parem *so I prepare*
parēs *you could prepare*
    ut cēnam parēs *so you could prepare dinner*
parētur *could be prepared*
    ut cēna parētur *so that dinner shall be prepared*
parō *I'm preparing*
    parō cēnam *I'm preparing dinner*
__parvī__ *small (more than one)*
    parvī līberī *small children*
parvīs *small (more than one)*
    parvīs līberīs *for small children*
parvō *small*
    parvō puerō *for a small boy*
parvus *small*
    parvus puer *small boy*
__pater__ *father*
__patria__ *country*
patriam *country*
    patriam dēfendere *to defend the country*
__Pīsō__ *Piso, Rufus' brother*
Pīsōne *Piso*
    cum Pīsōne *with Piso*
Pīsōnem *Piso*
    videt Pīsōnem *sees Piso*
Pīsōnī *Piso*
    cēnam parāre Pīsōnī *to prepare dinner for Piso*
Pīsōnis *Piso*
    māter et pater Pīsōnis *mother and father of Piso*
    frāter Pīsōnis, Rūfus *Piso's brother, Rufus*
__placent__ *(more than one thing) is pleasing (i.e. likes more than one thing)*
    Sextō placent *Sextus likes*
    sculptūrae placent *scluptures are pleasing*
    mihi nōn placent *aren't pleasing to me (i.e. I don't like)*
    senātōribus placent *senators like*
placet *likes (one thing)*
    Līviae placet *Livia likes*
    Agrippīnae placet *Agrippina likes*
    eī placet *she likes*
__pōne!__ *Put! Place!*
    pōne cācabum! *Put the cooking-pot!*
pōnit *puts*

sub mēnsā pōnit *places under the table*
pōnitur *is put, placed*
    sub lectō pōnitur *placed under the couch*
    ab Agrippīnā pōnitur *is placed by Agrippina*
positīs *(more than one) were put, placed*
    togā et statuā positīs *with the toga and statue placed*
possum *I'm able*
    et gerere et dēclāmitāre possum *I'm able to wear and to declaim*
    possum rapere *I can steal*
    nōn possum esse *I'm not able to be*
possunt *(more than one) are able*
    mātrēs nōn possunt esse *mothers aren't able to be*
potes *you're able*
    esse potes *you're able to be*
    nōn potes īre *you're not able to go*
potest *is able*
    nōn potest bene sculpere *isn't able to sculpt well*
    nōn potest dēclāmitāre *isn't able to declaim*
    vidēre potest *able to see*
    audīrī potest *is able to be heard*
    potest loquī *able to speak*
    potest īre *is able to go*
prō *in front of*
probābiliter *probably*
puer *boy*
  puerī *boys*
  puerīs *boys*
    ā puerīs Rōmānīs *by Roman boys*
  puerō *boy*
    puerō parvō *for a small boy*
  puerōrum *of the boys*
    māter puerōrum *mother of boys*
  puerōs *boys*
    miserōs puerōs! *Poor boys!*
  puerum *boy*
    vult puerum esse *wants the boy to be*
pugnantibus *fighting*
    marītīs pugnantibus *fighting husbands*
  pugnāre *to fight*
    vult pugnāre *wants to fight*
  pugnāvī *I fought*
    iam pugnāvī *I just fought*
putāns *thinking*
    rem putāns *considering the matter*
  putant *(more than one) think*
    putant mātrēs esse *think that mothers are*
  putat *thinks*
    rem putat *considers the matter*
    putat clāmōrem esse *thinks that the clamor is*
    putat strepitum esse *thinks that a noise is*
    putat Tiberium esse *thinks that Tiberius is*
  putō *I think*
    putō fūrem rapuisse *I think that the thief stole*
    putō raptam esse ā fūre *I think that it was stolen by a thief*
    putō stolam esse *I think that the dress is*
    putō stolam vīsam esse *I think that the dress was seen*
    putat mātrem īre *thinks that mother is going*

Q, R

quae *which, who*
quaeram *I will look for, search*
 quaeram cācabum *I will look for a cooking-pot*
quaerat *could search*
 ut cācabum quaerat *in order to search for a cooking-pot*
quaere! *Search!*
 quaere stolam! *Look for the dress!*
quaerēbās *you were searching*
 quaerēbās fūrem?! *You were searching for a thief?!*
quaerendum *for searching*
 ad cācabum quaerendum *to look for the cooking-pot*
 ad fūrem quaerendum *to search for the thief*
quaerēns *searching*
 fūrem quaerēns *searching for the thief*
quaereret *could search*
 ut fūrem quaereret *in order to search for the thief*
quaeris *you search*
 quaeris frūstrā *you're searching in vain*
quaerit *searches*
 statuam quaerit *searches for the statue*
 fūrem quaerit *is looking for the thief*
quaerō *I'm searching*
 urnam quaerō *I'm searching for a water-pot*
 cācabum quaerō *I'm searching for a cooking-pot*
 stolam quaerō *I'm searching for the dress*
quī *who*
quia *because*
Quid? *What?*
quoque *also*
rapere *to steal*
 possum rapere *I can steal*
rapiat *could steal*
 ut stolam rapiat *in order to steal a dress*
rapiendam *for stealing*
 ad stolam rapiendam *to steal a dress*
rapit *steals*
 rapit cācabum *steals the cooking-pot*
rapiunt *(more than one) steal*
 urnās nostrās rapiunt *are stealing our water-pots*
rapta est *was stolen*
 urna rapta est *the water-pot was stolen*
 stola rapta est *the dress was stolen*
raptae sunt *(more than one) were stolen*
 probābiliter raptae sunt *were probably stolen*
raptam *stolen*
 putō raptam esse *I think that it was stolen*
raptī sunt *(more than one) were stolen*
 raptī sunt ā fūre *were stollent by the thief*
raptīs *(more than one) stolen*
 urnīs nostrīs raptīs ā fūre *with our water-pots stolen by a thief*
rapuisse *to have been stolen*
 putō fūrem rapuisse *I think that the thief stole*
rapuit *stole*
 rapuit urnam *stole the water-pot*
rem *a matter, situation*
 rem putat *considers the matter*

Rōma *Rome*
  Rōmae *in Rome*
    sunt fūrēs Rōmae *there are thieves in Rome*
  Rōmam *Rome, to Rome*
    dēfendunt Rōmam *defend Rome*
    Rōmam vēnērunt *have come to Rome*
Rōmāna *Roman*
    māter Rōmāna *Roman mother*
  Rōmānae *Roman (more than one)*
    mātrēs Rōmānae *Roman mothers*
  Rōmānī *Roman (more than one)*
    bonī Rōmānī *good Romans*
    puerī Rōmānī *Roman boys*
  Rōmānīs *Roman (more than one)*
    ab Rōmānīs nōn vidēbitur *won't be seen by Romans*
  Rōmānus *Roman*
    puer Rōmānus *Roman boy*
Rūfī *Rufus, Sextus' friend*
    māter et pater Rūfī *mother and father of Rufus*
  Rūfō *Rufus*
    cēnam parāre Rūfō *to prepare dinner for Rufus*
  Rūfum *Rufus*
    volō Rūfum īre *I want Rufus to go*
  Rūfus *Rufus*

S

sānē *clearly*
sculpens *sculpting*
    sculpens, Sextus nōn gerit *sculpting, Sextus doesn't wear*
  sculpere *to sculpt*
    sculpere volō *I want to sculpt*
    videt Sextum sculpere *sees Sextus sculpting*
    nōn potest bene sculpere *isn't able to sculpt well*
  sculpit *sculpts*
    Sextus sculpit *Sexus is sculpting*
  sculpō *I'm sculpting*
    ego sculpō *I'm sculpting*
sculptor *sculptor*
  sculptōrēs *sculptors*
  sculptōribus *sculptors*
    prō sculptōribus *in front of sculptors*
sculptūrae *sculptures*
  sculptūrās *sculptures*
    vidēre sculptūrās *to see sculptures*
    ad sculptūrās videndās *in order to see sculptures*
  sculptūrīs *sculptures*
    sculptūrīs fruitur *likes sculptures*
sēcrēta *secrets*
  sēcrētō *secret*
    sēcrētō fruitur *likes the secret*
  sēcrētum *secret*
sed *but*
senātor *senator*
  senātōrem *senator*
    esse senātōrem *to be a senator*
  senātōrēs *senators*
  senātōribus *senators*
    prō senātoribus *in front of senators*

senātōribus placent *senators like*
Senātū Rōmānō *Roman Senate*
   in Senātū Rōmānō *in the Roman senate*
Sexte! *"O, Sextus!"*
  Sextī *Sextus, Livia's son*
     māter et pater Sextī *mother and father of Sextus*
     ad cubiculum Sextī *to Sextus' room*
  Sextō *Sextus*
     Sextō placent *Sextus likes*
     cum Sextō *with Sextus*
     Sextō habenda est *must be had for Sextus (i.e. Sextus must have)*
  Sextum *Sextus*
     videt Sextum sculpere *sees Sextus sculpting*
     Sextum audit *hears Sextus*
     volō Sextum esse *I want Sextus to be*
     audiunt Sextum dēclāmitāre *hear Sextus declaiming*
     velim Sextum esse *I would like Sextus to be*
     videt Sextum esse *sees that Sextus is*
  Sextus *Sextus*
  Sextusque *and Sextus*
sim *I could be*
     ut tenera sim *so I'm delicate*
sit *could be*
     ut sēcrētum tūtum sit *so that the secret is safe*
     ut laeta sit *in order to be happy*
     Ubi sit?! *Where could he be?!*
statua *statue*
  statuā *statue*
     prō statuā *in front of a statue*
     togā et statuā positīs *with the toga and statue placed*
     cum statuā *with a statue*
  statuae *statues*
  statuam *statue*
     vidēre statuam *to see the statue*
     statuam quaerit *searches for the statue*
     rapit statuam *steals the statue*
  statuaque *and a statue*
  statuās *statues*
     habēre statuās *to have statues*
  statuīs *statues*
     prō statuīs *in front of statues*
stola *dress*
  stolā *dress*
     cum stolā *with a dress*
  stolae *dresses*
  stolam *dress*
     stolam induere *to put on a dress*
     volō stolam meam *I want my dress*
     stolam pōnit *puts the dress*
     putō stolam esse *I think that the dress is*
     quaere stolam! *Look for the dress!*
     stolam ferēns *carrying the dress*
     putō stolam vīsam esse *I think that the dress was seen*
     rapere stolam *to steal a dress*
     ad stolam sūmendam *to get the dress*
  stolās *dresses*
     gerere stolās *to wear dresses*
     stolās induere *to put on dresses*

habēre stolās *to have dresses*
stolīs *dresses*
    stolīs fruuntur *like stolas*
strepitum *a noise, crashing*
    strepitum audīre *to hear a noise*
    putat strepitum esse *thinks that a noise is*
strepitus *a noise*
sub *under*
subitō! *suddenly!*
subrīdens *smiling*
    subrīdet *smiles*
sum *I am*
    sumus *we are*
sūmendam *to be picked up, get*
    ad stolam sūmendam *to get the dress*
    sūmit *picks up*
        togam sūmit *picks up a toga*
        cācabum sūmit *picks up the cooking-pot*
    sūmitur *is picked up*
        ā Līviā sūmitur *is picked up by Livia*
    sūmpsit *picked up*
        cācabum sūmpsit *she got a cooking-pot*
    sūmptus est *was picked up*
        cācabus sūmptus est *the cooking-pot was picked up*
sunt *(more than one) are*

T

tēcum *with you*
tenera *delicate*
    tenera māter *delicate mother*
    tenerae *delicate (more than one)*
        mātrēs tenerae *delicate mothers*
    teneram *delicate*
        stolam teneram *delicate dress*
    tenerās *delicate (more than one)*
        esse tenerās *to be delicate*
    tenerum *delicate*
        tenerum esse *to be delicate*
Tiberium *Tiberius, Agrippina's husband*
    vidēre Tiberium *to see Tiberius*
    putat Tiberium esse *thinks that Tiberius is*
    Tiberius *Tiberius*
toga *toga*
    togā *toga*
        togā et statuā positīs *with the toga and statue placed*
    togae *togas*
    togam *toga*
        induere togam *to put on a toga*
        nōn gerit togam *isn't wearing a toga*
        togam sūmit *picks up a toga*
        togam gerendō fruor *I like wearing a toga*
        togam habēre *to have a toga*
    togās *togas*
        gerere togās *to wear togas*
    togātus *wearing a toga*
        Sextus togātus *Sextus, wearing a toga*
    togīs *togas*

sub togīs *under togas*
togīs fruuntur *like togas*
triclīniō *dining room*
    ē triclīniō *out from the dining room*
    in triclīniō *in the dining room*
    ā triclīniō discēdit *leaves the dining room*
  triclīnium *dining room*
    in triclīnium fert *carries into the dining room*
    ad triclīnium *to the dining room*
triste *sad*
    est triste *it's sad*
  tristē *sadly*
  tristēs *sad (more than one)*
    tristēs sumus *we're sad*
  tristior *sadder*
    erit tristior *will be sadder*
  tristis *sad*
    tristis est *is sad*
    vidētur esse tristis *seems to be sad*
tua *your*
    urna tua *your water-pot*
  tuam *your*
    habēbam urnam tuam *I had your water-pot*
  tuō *your*
    in cubiculō tuō *in your room*
    cācabō tuō *with your cooking-pot*
    in domō tuō *in your house*
  tuum *your*
    cācabum tuum *your cooking-pot*
  tuus *your*
    marītus tuus *your husband*
    frāter tuus *your brother*
tunicae *tunics*
  tunicam *tunics*
    tunicam gerit *is wearing a tunic*
  tuncās *tunics*
    gerere tunicās *to wear tunics*
tūta *safe*
    iam es tūta *now you're safe*
  tūtae *safe (more than one)*
    nōn sumus tūtae *we're not safe*
  tūtōs *(more than one)*
    esse tūtōs *to be safe*
  tūtum *safe*
    sēcrētum tūtum *safe secret*
  tūtus *safe*
    Rūfus tūtus *safe Rufus*

U

Ubi? *Where?*
urna *water-pot*
  urnam *water-pot*
    urnam habēre *to have a water-pot*
    urnam volō *I want a water-pot*
    urnam rapere *to steal a water-pot*
    urnam quaerere *to look for a water-pot*
  urnās *water-pots*

urnās nostrās rapiunt *are stealing our water-pots*
urnīs *water-pots*
urnīs nostrīs raptīs *with our water-pots stolen*
ut *so that*

V

valdē *very, really*
valeās *you should fare well*
fac ut valeās *see to it that you fare well (i.e. take care)*
valē! *Goodbye!*
valēte! *Goodbye! (more than one)*
velim *I would like*
esse velim *I'd like to be*
habēre velim *I'd like to have*
velim Sextum esse *I would like Sextus to be*
dēclāmitāre velim *I would like to declaim*
velint *(more than one) would like*
ēloquentēs esse velint *would like to be eloquent*
velīs? *You would like?*
esse nōn velīs?! *You wouldn't like to be?!*
velīsne? *Would you like?*
velīsne cēnam? *Would you like dinner?*
velīsne īre? *Would you like to go?*
velīsne esse? *Would you like to be?*
velīsne habēre? *Would you like to have?*
velīsne cācabum tuum? *Would you like your cooking-pot?*
velīsne quoque? *Would you also like?*
velit *would like*
dēclāmitāre velit *would like to declaim*
esse velit *would like to be*
vēnērunt *(more than one) arrived*
Rōmam vēnērunt *have come to Rome*
venī! *Come!*
venientem *arriving*
Agrippīnam venientem *Agrippina arriving*
venit *arrives*
domum venit *comes home*
in culīnam venit *comes into the kitchen*
veniunt *(more than one) arrive*
domum veniunt *come home*
videant *(more than one) could see*
ut Gāium videant *in order to see Gaius*
videantur *(more than one) could seem*
ut esse videantur *in order to seem to be*
videat *could see*
ut videat *in order to see*
vidēbitur *will be seen*
ab Rōmānīs nōn vidēbitur *won't be seen by Romans*
vidēbunt *will see*
nōn vidēbunt *won't see*
videndās *for seeing*
ad sculptūrās videndās *in order to see sculptures*
videndum *for seeing*
ad Gāium videndum *in order to see Gaius*
vidēns *seeing*
nōn bene vidēns nocte *not seeing well at night*

vidente *seeing*
    Līviā nihil vidente *with Livia seeing nothing*
videntur *(more than one) are seen, seem*
    videntur esse tenerae *seem to be delicate*
videō *I see*
    nōn videō cācabum *I don't see a cooking-pot*
    nōn videō fūrem *I don't see the thief*
vidēre *to see*
    vidēre sculptūrās *to see sculptures*
    vidēre statuam *to see the statue*
    vidēre fūrem *to see a thief*
vidēret *could see*
    ut sculptūrās vidēret *in order to see sculptures*
videt *sees*
    videt Sextum sculpere *sees Sextus sculpting*
    videt Sextum gerere *sees Setus wearing*
    videt fūrem habēre *sees that the thief has*
    videt fūrem abesse *sees that the thief is gone*
    videt Sextum esse *sees that Sextus is*
vidētur *is seen, seems*
    vidētur esse tristis *seems to be sad*
    vidētur abesse *seems to be gone*
vīdī *I saw*
    statuam vīdī *I saw the statue*
    vīdī fūrem īre *I saw a thief going*
vīsam esse *to be seen*
    putō stolam vīsam esse *I think that the dress was seen*
vīs *you want*
    nōn vīs esse sculptor?! *You don't want to be a sculptor?!*
vīsne? *Do you want?*
    vīsne īre? *Do you want to go?*
    vīsne vidēre? *Do you want to see?*
    vīsne cēnam? *Do you want dinner?*
    vīsne habēre? *Do you want to have?*
volēbat *was wanting*
    volēbat vidēre *wanted to see*
volēns *wanting*
    dēclāmitāre volēns *wanting to declaim*
volente *wanting*
    Līviā volente *with Livia wanting*
volō *I want*
    volō vidēre *I want to see*
    sculpere volō *I want to sculpt*
    volō esse *I want to be*
    volō parāre cēnam *I want to prepare dinner*
    volō Sextum esse *I want Sextus to be*
    īre volō *I want to go*
    volō Rūfum īre *I want Rufus to go*
voluit *wanted*
    voluit sēcrētum esse *wanted the secret to be*
volunt *(more than one) wanted*
    volunt esse ēloquentēs *want to be eloquent*
vult *wants*
    vult sēcrētum esse *wants the secret to be*
    vult esse *wants to be*
    sculpere vult *wants to sculpt*
    nōn vult dēfendere *doesn't want to defend*
    dēclāmitāre vult *wants to declaim*

vult mātrem esse *wants mother to be*
vult vidēre statuam *wants to see the statue*
vult pugnāre *wants to fight*
vult induere *wants to put on*
īre vult *wants to go*
loquī vult *wants to speak*
vult līberōs esse *wants children to be*
discēdere vult *wants to leave*
vult rapere stolam *wants to steal a dress*
vult puerum esse *wants the boy to be*
vult Agrippīnam vidēre *wants Agrippina to see*

Pisoverse Novellas & Resources

Rūfus lutulentus
(20 words)

Was there a time when you or your younger siblings went through some kind of gross phase? Rufus is a Roman boy who likes to be muddy. He wants to be covered in mud everywhere in Rome, but quickly learns from Romans who bathe daily that it's not OK to do so in public. Can Rufus find a way to be muddy?

Teacher's Materials
&
Expanded Readings (ExR)

Rūfus Teacher's Materials

There is one section of Grammar Topics found in the entire novella (organized according to NLE syllabi). Each chapter includes a Vocabulary section with Phrases/Structures, New Words & New Forms, Possible Discussion Questions, 2 illustrated Expanded Readings (ExR) from Rūfus et Lūcia: līberī lutulentī, 10 Sentences for Dictātiō (standard, Running, or Egg), 2 Word Clouds, 2 Storyboards (Storyboard Dictation, and Read & Draw), as well as a Glossary.

Rūfus et Lūcia: līberī lutulentī
(25-70 words)

Lucia, of Arianne Belzer's Lūcia: puella mala, joins Rufus in this collection of 18 additional stories. This muddy duo has fun in the second of each chapter expansion. Use to provide more exposure to words from the novella, or as a Free Voluntary Reading (FVR) option for all students, independent from Rūfus lutulentus.

Pīsō perturbātus
(36 words)

Piso minds his Ps and Qs..(and Cs...and Ns and Os) in this alliterative tongue-twisting tale touching upon the Roman concepts of ōtium and negōtium. Before Piso becomes a little poet, early signs of an old curmudgeon can be seen.

Drūsilla in Subūrā
(38 words)

Drusilla is a Roman girl who loves to eat, but doesn't know how precious her favorite foods are. In this tale featuring all kinds of Romans living within, and beyond their means, will Drusilla discover how fortunate she is?

Rūfus et arma ātra
(40 words)

Rufus is a Roman boy who excitedly awaits an upcoming fight featuring the best gladiator, Crixaflamma. After a victorious gladiatorial combat in the Flavian Amphitheater (i.e. Colosseum), Crixaflamma's weapons suddenly go missing! Can Rufus help find the missing weapons?

Rūfus Audiobook

(on iTunes, Amazon, and pisoverse.bandcamp.com) Use the Audiobook for practical classroom listening activities (e.g. dictations, listen & draw, listen & discuss, etc.), for exposure to a different Latin speaker (which also means a break for YOU), and of course, pure entertainment! This is not just audio. There are pauses and sound effects to aid comprehension, drum sounds during page turns, and intro/outro music for ambiance.

Rūfus Teacher's Materials
&
Expanded Readings (ExR)

Rūfus Teacher's Materials

There is one section of Grammar Topics found in the entire novella (organized according to NLE syllabi). Each chapter includes Phrases/Structures, Possible Discussion Questions, 4 illustrated Expanded Readings (ExR) from Rūfus et gladiātōrēs, 10 Sentences for Dictātiō (standard, Running, or Egg) and 3 Word Clouds, as well as a Glossary.

Rūfus et gladiātōrēs
(49-104 words)

This collection of 28 stories adds details to characters and events from Rūfus et arma ātra, as well as additional, new cultural information about Rome, and gladiators. Use to provide more exposure to words from the novella, or as a Free Voluntary Reading (FVR) option for all students, independent from Rūfus et arma ātra.

Quīntus et nox horrifica
(52 words)

Monsters and ghosts...could they be real?! Is YOUR house haunted? Have YOU ever seen a ghost? Quintus is home alone when things start to go bump in the night in this scary novella. It works well with any Roman House unit, and would be a quick read for anyone interested in Pliny's ghost story.

Drūsilla et convīvium magārum
(58 words)

Drusilla lives next to Piso. Like many Romans, she likes to eat, especially peacocks! As the Roman army returns, she awaits a big dinner party celebrating the return of her father, Julius. One day, however, she sees a suspicious figure give something to her brother. Who was it? Is her brother in danger? Is she in danger?

Agrippīna: māter fortis
(65 words)

Agrippīna is the mother of Rūfus and Pīsō. She wears dresses and prepares dinner like other Roman mothers, but she has a secret—she is strong, likes wearing armor, and can fight just like her husband! Can she keep this secret from her family and friends?

Learning Latin via Agrippina
(on pisoverse.bandcamp.com)
Over 1500 Latin messages on this album! Each chapter includes a) English meaning is given after sentences are read aloud, and then additional questions and statements are made to increase exposure to words/phrases in the chapter, often doubling or tripling the input, b) 10% slower speed, with longer pauses between utterances to allow for processing, and c) a comfortable speaking speed with shorter pauses between utterances.

Agrippīna Teacher's Materials
Each chapter includes a section for Grammar/Culture Topics (organized according to NLE syllabi), Phrases/Structures, New Words & New Forms, Possible Discussion Questions, Choose-Your-Own-Level Readings from the parallel novella Livia: mater eloquens, an Activities section including 10 Sentences for Dictatio (standard, Running, or Egg) and 3 Word Clouds, as well as a Glossary.

Līvia: māter ēloquens
(44-86 words)

Livia is the mother of Drusilla and Sextus. She wears dresses and prepares dinner like other Roman mothers, but she has a secret—she is well-spoken, likes wearing togas, and practices public speaking just like her brother, Gaius! Can she keep this secret from her family and friends? Livia: mater eloquens includes 3 versions under one cover. The first level, (Alpha), is simpler than Agrippina: mater fortis; the second level, (Beta) is the same level, and the third, (Gamma-Delta) is more complex.

LATIN POETRY FROM the PISOVERSE
BY LANCE PIANTAGGINI

fragmenta Pīsōnis
(96 words)

This collection of poetry is inspired by scenes and characters from the Pisoverse, and features 50 new lines of poetry in dactylic hexameter, hendecyllables, and scazon (i.e. limping iambics)! fragmenta Pīsōnis can be used as a transition to the Piso Ille Poetulus novella, or as additional reading for students comfortable with poetry having read the novella already.

A LATIN NOVELLA
BY LANCE PIANTAGGINI

Pīsō Ille Poētulus
(108 words)

Piso is a Roman boy who wants to be a great poet like Virgil. His family, however, wants him to be a soldier like his father. Can Piso convince his family that poetry is a worthwhile profession? Features 22 original, new lines of dactylic hexameter.

Poetry Album

A LATIN NOVELLA
BY LANCE PIANTAGGINI

Poetry Audio Album

(on iTunes, Amazon, and pisoverse.bandcamp.com)
*Each track on the audio album includes **a)** Piso singing his line of poetry, **b)** an English translation to [re]establish meaning, **c)** the line of poetry repeated to check comprehension, **d)** a slow version of just the rhythm **d)** the normal speed of just the rhythm, and **e)** the line of poetry repeated one last time.*

A LATIN NOVELLA
BY LANCE PIANTAGGINI

Teacher's Guide

Pīsō Teacher's Guide

Each chapter includes a Chapter Notes section for Grammar/Culture Topics (organized according to NLE syllabi), comprehension Questions (& responses) in Latin and English, the Poetry rhythms demystified, Phrases/Structures, Thematic Vocabulary, a list of TPRable words, 4 Illustrated Tiered Readings, 10 Sentences for Dictatio (standard, Running, or Egg), One Word At a Time Stories (OWATS), 3 Word Clouds, Who Would/Wouldn't say...? sentences, and a Poetry Practice worksheet (with an Answer Key).

Student Workbook

Compiled from the Teacher's Guide, these workbooks allow each student to have their own 92-page resource for interacting with the text.

Magister P's Pop-Up Grammar

Pop-Up Grammar occurs when a student—not teacher—asks about a particular language feature, and the teacher offers a very brief explanation in order to continue communicating (i.e. interpreting, negotiating, and expressing meaning during reading or interacting).

Teachers can use this resource to provide such explanations, or students can keep this resource handy for reference when the teacher is unavailable. Characters and details from the Pisoverse novellas are used as examples of the most common of common Latin grammar.

...and more!
(see magisterp.com for the latest novellas)

Made in the USA
Columbia, SC
30 July 2019